ELOGIOS PARA *STORYBRAND 2.0*

«Este es un libro trascendental en torno a una idea que va a clarificar, impulsar y transformar tu negocio. Donald Miller propone una forma específica, detallada y útil de cambiar el modo en que hablas del trabajo que te importa».

—Seth Godin, autor de *¿Todos los comerciales son mentirosos?*

«StoryBrand es lo mejor que me ha sucedido en mucho tiempo en cuanto a conversiones. Después de reescribir la página de inscripción a un seminario en la red utilizando el esquema StoryBrand, la página convenció al sesenta por ciento de la audiencia con sus anuncios. ¡Es algo INAUDITO! En lo personal, lo que me gusta es que siempre pone al cliente primero, lo cual se alinea con los valores fundamentales de mi empresa. (¡Y no viene nada mal, porque las ventas nunca han estado mejor!). Ahora utilizamos el esquema para las páginas de venta, las de inicio, los mensajes y todos los lugares de la empresa donde escribimos textos».

—Amy Porterfield, autora del éxito de
ventas del *New York Times*,
Two Weeks Notice y anfitriona del pódcast
Online Marketing Made Easy

«Donald Miller debería asesorar a tu empresa al igual que lo hizo con la nuestra. Luego de aprender su esquema, cambiamos nuestro sitio web y los resultados fueron fantásticos. Notamos una diferencia de inmediato. El esquema StoryBrand funciona, y estamos poniéndolo en práctica en toda la compañía. ¡Tienes que leer este libro!».

—Ken Blanchard, director espiritual principal de
The Ken Blanchard Companies
y coautor de *El nuevo mánager al minuto*

«Donald Miller te enseñará mucho más que cómo vender productos; te enseñará a transformar la vida de tus clientes. Ellos necesitan que desempeñes un papel en sus vidas y este libro te mostrará cómo hacerlo. Si quieres que tu negocio crezca, lee este libro».

—JOHN C. MAXWELL, AUTOR DE ÉXITOS
DE VENTAS DEL *NEW YORK TIMES*

«Este es el libro de negocios y *marketing* más importante del año. Todos los comunicadores conocen el poder que tiene una historia. Donald Miller ha logrado captar la esencia del proceso de contar historias para hacer que tu mensaje se abra paso en el océano de ruido blanco en el que se encuentra la generación más expuesta al *marketing* de la historia. ¡Tienes que leerlo!».

—DAVE RAMSEY, AUTOR DE ÉXITOS DE
VENTAS DEL *NEW YORK TIMES*

«Donald Miller nos recuerda que todo buen mensaje comienza y termina con la empatía. Él sabe que si quieres que te vean, te oigan y te comprendan, el primer paso es escuchar. Compra este libro si quieres conectar con las personas de una forma más profunda».

—BILL HASLAM, GOBERNADOR 49 DE TENNESSEE

«Si te gusta ganar dinero, tienes que leer este libro. El esquema StoryBrand te ayudará a crear mensajes comerciales que la gente escuche y a los que además responda. ¡Nosotros lo usamos todo el tiempo, y funciona!».

—RYAN DEISS, FUNDADOR Y CEO DE DIGITALMARKETER

«Crear tu StoryBrand no consiste solo en aclarar tu mensaje, sino también en aclarar tu misión. Asumir el papel de guía para ayudar a los héroes a triunfar en su propia historia debe ser un impulso fundamental si esperamos transformar la vida de nuestros clientes.

En este libro, Don Miller nos muestra cómo encontrar un significado increíble en nuestro trabajo haciendo exactamente eso».

—WILL GUIDARA, AUTOR DE *UNREASONABLE HOSPITALITY*

«Ya hace años que utilizo el esquema StoryBrand de Don Miller en mis negocios. Es la mejor herramienta de *marketing* que conozco y la empleamos en cada producto que lanzamos. Don en persona ha impartido cursos de formación a mis empleados y clientes y lo recomiendo a todo el mundo. Ahora, todos estos conocimientos revolucionarios están fácilmente disponibles en las páginas de este libro».

—MICHAEL HYATT, AUTOR DE ÉXITOS DE VENTAS DEL
NEW YORK TIMES Y FUNDADOR DE FULL FOCUS

«Este libro es tu guía para superar el ruido y hacer que tu mensaje resuene. La sabiduría de Donald Miller nos muestra cómo atraer a los clientes a una historia donde ellos son los héroes de su propia transformación. Este no es solo un libro, ¡es un viaje inspirador que encenderá tu pasión y elevará tu impacto!».

—JENNA KUTCHER, ANFITRIONA DEL
PÓDCAST *THE GOAL DIGGER* Y AUTORA DEL
ÉXITO EN VENTAS DEL *NEW YORK TIMES*,
HOW ARE YOU, REALLY?

DONALD MILLER

STORY BRAND

EDICIÓN ACTUALIZADA

2.0

Clarifica tu mensaje y los
clientes escucharán

HarperEnfoque

StoryBrand 2.0
© 2025 por Harper*Enfoque*
Publicado en Nashville, Tennessee, Estados Unidos de América.
Harper*Enfoqu*e es una marca registrada de
HarperCollins Christian Publishing, Inc.

Este título también está disponible en formato electrónico y audio libro.

Título en inglés: *Building a StoryBrand 2.0*
© 2025 por Donald Miller
Publicado por HarperCollins Leadership, un sello de HarperCollins Publishers.

El autor está representado por Ambassador Literary Agency, Nashville, TN.

Traducción: *Enjoy Servicios Editoriales*
Adaptación del diseño interior: *Gus Camacho*
Diseño gráfico por: *Kyle Reid*

Tapa rústica: 978-1-40034-776-6
eBook: 978-1-40034-777-3
Audio: 978-1-40034-778-0

Número de control de la Biblioteca del Congreso: 2024950200

Impreso en Estados Unidos de América

24 25 26 27 28 LBC 5 4 3 2 1

Este libro está dedicado a:
Todo el equipo de Coach Builder, Business Made
Simple y StoryBrand. Desarrollar una empresa con
ustedes ha sido el mayor placer de mi carrera.
Ustedes son la prueba viviente de que, cuando
los amigos se sacrifican juntos por un bien
común, pueden convertirse en familia.

CONTENIDO

PARTE 3: PON EN PRÁCTICA TU CAMPAÑA DE MENSAJES Y *MARKETING* DE STORYBRAND

¿QUIERES QUE TODO TU EQUIPO ENTIENDA EL ESQUEMA STORYBRAND?

Notamos que muchos líderes querían que sus equipos entendieran mejor el esquema StoryBrand y buscaban una herramienta para explicarlo de una manera más simple. Para ayudarlos, creamos una producción de radioteatro como en la década de 1920 que enseña el esquema por medio de una historia. Se trata de dos hermanos que enfrentan el desafío de salvar la empresa de juegos de mesa de su madre. ¿Podrán conseguirlo? ¿Cómo los ayudará StoryBrand? ¿Sobrevivirá la amistad de los hermanos a este reto? Descúbrelo en *StoryBrand Radio Theater Presents: Pete and Joe Save Their Mother's Company* [Radioteatro StoryBrand presenta: Pete y Joe salvan la empresa de su madre], disponible ahora, solo en Audible.

NOTA DEL AUTOR SOBRE ESTA EDICIÓN ACTUALIZADA

Desde su primera publicación en 2017, este libro ha vendido más de un millón de copias. A la actualidad, el esquema StoryBrand ha ayudado tanto a pequeñas como a grandes empresas a crear frases que pueden repetir para hacer crecer sus negocios y los resultados han sido excelentes. Podría calcular con toda seguridad que este libro ha ayudado a las empresas a generar miles de millones de ingresos adicionales y a llegar a millones de nuevos clientes. El esquema se ha utilizado para vender de todo, desde destapadores de cañerías hasta política exterior estadounidense y motores de avión.

En esta edición actualizada espero haber optimizado este libro para que te sea aún más útil. Para lograrlo, empleé casi el doble de ejemplos y anécdotas de marcas que han utilizado el esquema con el fin de atraer y comprometer a sus clientes. Casi un millón de empresas han puesto en práctica la herramienta gratuita en línea BrandScript (un guion de marca) que viene con este libro, y nos hemos esforzado para mejorar el proceso y los resultados.

Para el relanzamiento de *StoryBrand 2.0* hemos tomado todo el contenido que desarrollé personalmente (incluidas todas mis enseñanzas, libros, videos de YouTube, pódcast y sesiones de entrenamiento grabadas) para alimentar a nuestro propio proceso de inteligencia artificial, que creará una campaña personalizada de *marketing* y mensajes de StoryBrand para tu marca o producto.

Confiamos en que hemos desarrollado la mejor herramienta de inteligencia artificial para mensajes y *marketing* en internet. Luego de ingresar tus palabras clave y responder unos cinco minutos de preguntas, StoryBrand.AI generará un informe completo que incluye: un lema, una frase clave o eslogan, el bosquejo de un sitio web, un captador de clientes potenciales, correos electrónicos de seguimiento, un discurso de ventas, guiones narrativos para videos en YouTube y las redes sociales, temas para pódcast, ideas adicionales para crear sentido de urgencia, sugerencias para un producto mejorado y publicaciones en redes sociales listas junto con tendencias de la industria específicas para tu sector.

Esta nueva edición de *StoryBrand 2.0* te resultará útil ya sea que estés comenzando una marca, desarrollando una existente o posicionándote como líder, si eres representante de ventas de una empresa en funcionamiento, o incluso si estás iniciando una organización sin fines de lucro. El libro te ayudará a descubrir las palabras que puedes utilizar en sitios web, campañas de mensajes y *marketing*, presentaciones, propuestas, cartas de venta, conversaciones de venta y hasta frases que puedes repetir en charlas informales.

En definitiva, tu marca crecerá más rápido si utilizas las palabras correctas. Escribí (y reescribí) este libro para ayudarte a encontrar esas palabras.

Para crear tu campaña de mensajes y *marketing*, dirígete a StoryBrand.AI. La compra de este libro te regala una cuenta básica y gratuita.

También espero que esta nueva versión del libro te resulte una lectura divertida. Después que hayas creado tus frases cortas, mi deseo es que muchas personas disfruten de la historia de la cual los invitas a ser parte.

INTRODUCCIÓN

Este no es un libro acerca de cómo contar la historia de tu empresa; eso sería una pérdida de tiempo. Por lo general, a los clientes no les interesa tu historia, sino la de ellos mismos.

El héroe de la historia debe ser tu cliente, no tu marca. Este es el secreto que todas las empresas exitosas entienden a la perfección.

A continuación, te presentaré un esquema con siete partes que cambiará la forma en que hablas de tu negocio, y tal vez hasta la manera en que *haces* negocios.

Todos los años ayudamos a más de diez mil empresas para que dejen de desperdiciar su dinero en *marketing* y hagan crecer sus negocios, ayudándolas a clarificar su mensaje. Este esquema también será útil para ti, independientemente de cuál sea la actividad que desarrollas.

Para aprovechar al máximo este libro, te sugiero hacer tres cosas:

1. Lee el libro y comprende el esquema SB7.

2. Utiliza el esquema para filtrar tu mensaje y crear una campaña de mensajes y *marketing* con StoryBrand.

3. Pon en práctica tu nueva estrategia de *marketing* y comunicación para ver los resultados.

El *marketing* ha cambiado. Aquellas empresas que inviten a sus clientes a ser los héroes de la historia crecerán. Las empresas que no lo hagan serán olvidadas.

Ojalá todos obtengamos grandes recompensas por poner la historia de nuestros clientes por encima de la nuestra.

PARTE 1

POR QUÉ CASI TODO EL *MARKETING* ES UN DESPERDICIO DE DINERO

CAPÍTULO 1

LA CLAVE PARA QUE TE VEAN, TE ESCUCHEN Y TE COMPRENDAN

La mayoría de las empresas malgastan cantidades enormes de dinero en *marketing*. Y todos sabemos lo fastidioso que es gastar nuestros preciados billetes en un nuevo esfuerzo de *marketing* que al final no produce ningún resultado. Cuando vemos los informes, nos preguntamos qué salió mal o, peor aún, si nuestro producto en realidad es tan bueno como creíamos.

Sin embargo, ¿y si el problema no era el producto? ¿Y si la cuestión fue la forma en que hablamos de él?

El problema es sencillo. Los diseñadores gráficos y artistas que contratamos para desarrollar nuestros sitios web y campañas publicitarias han estudiado diseño y son expertos en Photoshop, pero no han leído ni un solo libro sobre cómo escribir buenos textos comerciales. ¿Cuántos de ellos saben cómo hacer tu mensaje más claro para que los clientes lo reciban? Y lo peor es que estas agencias no tienen inconveniente en cobrarte por sus servicios, sin importar si ves resultados positivos o no.

La realidad es que los sitios web bonitos no venden productos; las palabras, sí. Por eso, si no clarificamos nuestro mensaje, los clientes no nos escucharán.

Si le pagamos un montón de dinero a una agencia de diseño sin primero haber esclarecido nuestro mensaje, es como si acercáramos un megáfono a un mono. Lo único que oirá el cliente potencial es ruido.

Ahora bien, clarificar nuestro mensaje no es tarea fácil. Tuve un cliente que, cuando trató de hacerlo, dijo que se sentía como si estuviera intentando leer la etiqueta de una botella desde el interior de esta. Es entendible. Antes de desarrollar StoryBrand era escritor y pasaba miles de horas mirando a una pantalla en blanco buscando qué decir. Esa frustración desgarradora me llevó a inventar un esquema de comunicación basado en el poder comprobado que tiene una historia, y te juro que fue como descubrir una fórmula secreta. Utilizando el esquema, la escritura se volvió más fácil y mejoró tanto que terminé vendiendo millones de libros. Después de emplear el esquema para crear mensajes más precisos en mis libros, lo utilicé para filtrar el material publicitario de mi propia empresa pequeña. En cuanto empezamos a hablar con claridad, duplicamos los ingresos durante cuatro años consecutivos. Ahora le enseño este esquema a más de diez mil empresas al año.

Una vez que consiguen esclarecer su mensaje, nuestros clientes crean sitios web de calidad, presentaciones increíbles, logran que la gente abra sus mensajes en el correo electrónico, ingrese a sus anuncios, les presten atención a sus publicaciones en las redes sociales y respondan a sus cartas comerciales. ¿Por qué? Porque si tu mensaje es enrevesado, nadie va a escucharte, no importa cuánto inviertas en *marketing*.

En StoryBrand hemos visto cómo los clientes han duplicado, triplicado y hasta cuadruplicado sus ingresos luego de hacer una cosa: definir bien su mensaje.

Este esquema ha sido efectivo tanto para marcas multimillonarias como para emprendimientos familiares. Es tan poderoso para empresas estadounidenses como lo ha sido para otras en Japón o África. ¿Por qué? Porque el cerebro humano, sin importar la región del mundo en que viva la persona, se siente atraído por la claridad y prefiere evitar la confusión.

Lo cierto es que no se trata solo de una carrera para poner nuestros productos en el mercado, sino también para comunicar por qué nuestros clientes necesitan tener esos productos en sus vidas. Aunque tengamos los mejores artículos, perderemos la partida contra otro de calidad inferior si nuestro competidor comunica su oferta con mayor claridad que nosotros.

Entonces, ¿cuál es tu mensaje? ¿Puedes decirlo con facilidad? ¿Es sencillo, relevante y ameno? ¿Todo tu equipo puede repetir el mensaje de tu empresa de un modo convincente? ¿Es posible que tú y tu equipo puedan recordar con facilidad los puntos centrales cuando tienen que describir lo que ofrece la compañía y por qué cada potencial cliente debería comprarlo?

¿Cuántas ventas nos estamos perdiendo porque los clientes no pueden descifrar lo que ofrecemos a los cinco segundos de visitar nuestro sitio web, ver nuestros anuncios, leer nuestros captadores de clientes potenciales o abrir nuestros correos electrónicos?

¿POR QUÉ TANTOS NEGOCIOS FRACASAN?

Para entender por qué tantos intentos de *marketing* o *branding* (gestión de marca) fracasan, llamé a mi amigo Mike McHargue.

Mike, también conocido como «el científico Mike» porque hace un pódcast llamado *Ask Science Mike* [Pregúntale al científico Mike], pasó quince años utilizando metodologías con base científica para ayudar a las empresas a descubrir cómo piensan sus clientes, en especial en temas de tecnología. Tristemente, él dejó el rubro de la publicidad cuando un cliente le pidió que creara un algoritmo para predecir los hábitos de compras de las personas con diabetes. Traducción: querían venderles comida chatarra a los diabéticos. Mike se negó y dejó de trabajar en la industria porque es un buen hombre. De todos modos, lo llamé porque él sigue teniendo un conocimiento increíble sobre cómo se combinan el *marketing*, las historias y el comportamiento humano.

A petición mía, Mike viajó a Nashville para asistir a uno de nuestros seminarios. Luego de dos días de aprender el esquema StoryBrand en siete etapas (que a partir de ahora llamaremos esquema SB7), nos sentamos en mi patio trasero y lo atosigué a preguntas. ¿Por qué funciona esta fórmula? ¿Qué sucede en el cerebro de los consumidores cuando se encuentran con un mensaje filtrado a través de esta fórmula? ¿Cuál es la ciencia que hay detrás del motivo por el que marcas como Apple y Coca-Cola, quienes utilizan esta fórmula de manera intuitiva, dominan el mercado?

«Existe un motivo por el que la mayoría del material de *marketing* no funciona», me explicó Mike mientras colocaba sus pies sobre la mesa pequeña que tenía adelante, «es sumamente complejo y el cerebro tiene que trabajar demasiado para procesar la información. Cuanto más sencilla y predecible sea la comunicación, más fácil será que el cerebro la procese. Una historia ayuda porque es un mecanismo de creación de sentido. En esencia, las fórmulas basadas en el concepto de historia ponen todo en orden para que el cerebro no tenga que esforzarse a fin de entender lo que sucede».

Mike continuó explicando que el cerebro es bueno en un millón de cosas, pero su función principal es la de ayudar a un individuo a sobrevivir y prosperar. Todo lo que hace el cerebro humano durante todo el día es ayudar a esa persona (y a sus seres queridos) a salir adelante en la vida.

Luego me preguntó si me acordaba de esa pirámide antigua que nos enseñaban en la secundaria, la de la jerarquía de las necesidades humanas de Abraham Maslow. Él me recordó que en primer lugar el cerebro tiene la tarea de configurar un sistema para que podamos comer y beber, y así sobrevivir físicamente. En nuestra economía moderna del primer mundo, eso significa tener un trabajo y un salario fijo. En segundo lugar, el cerebro se preocupa por la seguridad, lo que podría significar tener un techo bajo el que refugiarnos y una mínima sensación de bienestar y poder que evite que nos sintamos vulnerables. Después de encargarse del alimento y la vivienda, nuestro cerebro comienza a pensar en nuestras relaciones, lo cual abarca todo, desde reproducirse mediante una relación sexual hasta el sostén que recibimos en una relación romántica, pasando por el establecimiento de amistades (una tribu) que permanezcan con nosotros en caso de que haya alguna amenaza social. Por último, el cerebro comienza a preocuparse por necesidades superiores de tipo psicológico, fisiológico y hasta espiritual, que son las que nos brindan el sentido de propósito.

Mike me hizo comprender que, sin saberlo, los seres humanos analizan su entorno todo el tiempo (incluso las publicidades) buscando información que les ayude a suplir su necesidad primitiva de *sobrevivir*. Esto significa que cuando hablamos de que tenemos la mayor planta de producción de toda la región, a nuestros clientes no les interesa. ¿Por qué? Porque esa información no les ayuda a comer, beber, encontrar una pareja, enamorarse, formar una tribu, experimentar el sentido de la vida de un modo más profundo o almacenar armas por si los bárbaros comienzan a descender de la colina que está detrás del final de la calle.

Entonces, ¿qué hacen los clientes cuando los aturdimos con un montón de mensajes estridentes? Nos ignoran.

Y ahí, justo en el patio trasero de mi casa, Mike definió dos errores críticos que cometen las marcas al hablar de sus productos y servicios.

Primer error

El primer error en el que caen las marcas es no enfocarse en los aspectos de su oferta que ayudarán a las personas a sobrevivir y prosperar.

Todas las grandes historias giran en torno al tema de la supervivencia, ya sea física, emocional, relacional o espiritual. Una historia sobre cualquier otra cosa no lograría cautivar la atención de una audiencia, porque a nadie le interesaría. Esto significa que si no posicionamos nuestros productos y servicios como algo que sirva para ayudar a la gente a sobrevivir, prosperar, ser aceptada, encontrar el amor, lograr una identidad aspiracional o establecer vínculos con una tribu que la defienda a nivel físico y social, vamos a necesitar mucha suerte para venderle algo a alguien. Sobrevivir y prosperar son las preocupaciones principales de todo ser humano saludable que habita en el planeta. Podemos considerar esto como una verdad absoluta o exponernos al desastre si decidimos ignorar este hecho innegable.

Mike me dijo que nuestros cerebros están clasificando información de manera constante, de modo que todos los días podamos descartar millones de datos innecesarios. Si tuviéramos que estar una hora en un salón de baile, nuestro cerebro nunca pensaría en contar la cantidad de sillas que hay en la habitación. Ahora bien, seguro que sabríamos dónde se encuentran las salidas. ¿Por qué? Porque nuestro cerebro no necesita saber cuántas sillas hay para sobrevivir, pero en cambio dónde están las salidas podría ser una información muy útil en caso de incendio.

Lo que Mike me hizo entender es que, sin darse cuenta, el subconsciente está categorizando y organizando la información constantemente y, en lo que respecta al crecimiento de una empresa, cuando hablamos en público sobre la historia de nuestra empresa y los objetivos internos —o peor aún, cuando somos imprecisos o confusos con los problemas que resolvemos para el cliente—, nos estamos poniendo en el lugar de las sillas y no en el de las salidas. En otras palabras, la forma en que la mayoría de nosotros hablamos de nuestra marca y nuestros productos hace que terminen ignorándonos los propios clientes a quienes queremos atraer.

«El motivo por el que muchas empresas y, por lo tanto, muchos líderes no son tenidos en cuenta», continuó Mike, «es que el cerebro necesita quemar calorías para procesar la información, y si esta no es necesaria para subsistir, va en contra de la función principal del cerebro: ayudarnos a sobrevivir y prosperar».

El punto es que gran parte de nuestro mensaje es impreciso, confuso y el receptor no logra sentirse identificado con él, lo cual equivale a decir que literalmente Dios ha diseñado los cerebros de nuestros clientes para que nos ignoren.

Segundo error

El segundo error que cometen las marcas al hablar de sus productos y servicios es que hacen que sus clientes tengan que quemar muchas calorías para entender su oferta.

Cuando hay que procesar demasiada información que parece innecesaria, comenzamos a ignorar a la fuente de esa información en un intento por conservar las calorías. En otras palabras, hay un mecanismo de supervivencia en el cerebro de nuestros clientes que está diseñado para desconectarse si comenzamos a confundirlos.

Imagina que cada vez que les habláramos de nuestros productos a posibles clientes fuera como si ellos empezaran a correr en una cinta, como si literalmente tuvieran que hacer ejercicio todo el tiempo que estamos conversando. ¿Por cuánto tiempo crees que nos prestarían atención? No mucho, ¿verdad? Sin embargo, eso es bastante similar a lo que en realidad sucede en su mente cuando les hablamos de nuestros productos. Cuando comenzamos nuestra minipresentación (conocida como *elevator pitch*), o cuando pronunciamos un discurso o tenemos una charla clave, o cuando visitan nuestra web, las personas tienen que quemar calorías para procesar la información que les compartimos. Y si no decimos algo (y lo hacemos rápido) que les sirva para sobrevivir o prosperar, se van a desconectar de lo que les estamos contando.

Esas dos realidades —que la gente busca marcas que puedan ayudarlos a sobrevivir y prosperar y que esa comunicación debe ser tan simple que una persona no tenga que quemar muchas calorías mentales para entender lo que decimos— explican por qué el esquema SB7 ha ayudado a tantos negocios a incrementar sus ingresos e influencia. La clave es crear un mensaje que revele cómo ayudamos a nuestros clientes a subsistir y hacerlo en un lenguaje tan sencillo que lo entiendan sin mucho esfuerzo.

Hace poco pude ayudar a una marca importante de artículos para mascotas a casi duplicar sus ingresos con solo añadir estas palabras a sus envases y carteles: «Los niños aman los acuarios».

La marca Spectrum ha tenido gran éxito durante años en el mercado de los artículos para peces y peceras en las tiendas de Estados Unidos. Sin embargo, no lograban vender sus peceras a alguien que no fuera un fanático o entusiasta de los peces. A pesar de sus esfuerzos, no conseguían ingresar en el mercado familiar. Mientras hablábamos, recordé que a mi hija menor le encantaban los acuarios. De hecho, hace poco en un viaje a Londres me pidió quedarnos frente a la pecera del vestíbulo por un largo rato hasta que pudiéramos encontrar a Nemo. Le gustan tanto los acuarios que ese día grabé un video con mi teléfono para que pudiera verlo antes de leer los cuentos a la hora de dormir. Cuando le recomendé a Spectrum que solo añadieran esas palabras a sus envases, ellos no estaban muy convencidos de que la respuesta fuera tan fácil. No obstante, piensa en esto: si los padres ingresan a una tienda de mascotas buscando algo que les guste a sus hijos, entonces el eslogan «Los niños aman los acuarios» posicionaría sus productos como la solución que ellos buscan (recuerda que parte de la dinámica de supervivencia humana es construir una tribu, crear vínculos familiares, dar amor y criar a nuestros hijos).

¿El impacto de la campaña con esta corta frase en una prueba de mercado? Un aumento del noventa y nueve por ciento en las ventas generales. Los resultados fueron tan buenos que Spectrum actualmente está lanzando esta estrategia en todo el país.

Lo cierto es que no necesitas una campaña publicitaria costosa ni una hermosa guía de estilo para hacer crecer tu negocio; solo precisas unas pocas frases que tus clientes puedan comprender de inmediato y que les permitan darse cuenta con rapidez de que tienes una solución a su problema.

¿Qué tipo de frases deberíamos usar y cómo las podemos elaborar?

LA HISTORIA AL RESCATE

Una historia es la herramienta más poderosa que podemos utilizar para organizar y comunicar nuestra oferta de modo que la gente no tenga que quemar muchas calorías para entendernos. Esto es algo que descubrí durante mis años de escribir autobiografías. Mi primer libro, que redacté antes de entender qué es una historia y su estructura, vendió solo cerca de diez mil copias. Sin embargo, luego de estudiar e incorporar una fórmula narrativa, el segundo estuvo en la lista de éxitos de ventas del *New York Times* durante casi un año. Resulta ser que una historia es un recurso que da sentido y los lectores pueden seguirla sin tener que quemar demasiadas calorías.

Entonces, ¿qué es una historia? Es una narrativa que identifica una ambición u objetivo que el héroe necesita conseguir, luego define los desafíos que le impiden obtener lo que quiere y al final provee un plan para ayudarlo a vencer esos obstáculos de modo que pueda sobrevivir y prosperar. Esta es una fórmula milenaria, pero da resultado. Y no solo funciona para entretenernos, sino también para captar nuestra atención. Aquí, entonces, está la tesis de este libro: cuando definimos los elementos de una historia que se relaciona con nuestra marca, estamos creando un mapa mental que los clientes pueden seguir para relacionarse con nuestros productos y servicios.

Desde que se lanzó la primera edición de este libro hasta hoy, miles de propietarios de negocios han utilizado este esquema para invitar a sus clientes a ser parte de una historia y los resultados fueron muy convincentes. Miles de empresarios y líderes nos han dicho que, después de tan solo clarificar su mensaje, las ventas aumentaron de forma exponencial.

Aun así, cuando les hablo a líderes empresariales acerca de crear una historia, ellos inmediatamente me catalogan de artista, pensando que quiero presentarles algo extravagante. Sin embargo, mi mensaje no es ese. Estoy hablando de una fórmula concreta que podemos utilizar para captar la atención de esos clientes que, de otra forma, estarían distraídos. Lo que les presento son pasos prácticos que podemos dar para asegurarnos de que las personas nos vean, nos escuchen y comprendan con exactitud por qué sencillamente *tienen* que utilizar nuestros productos.

LA FÓRMULA PARA UNA COMUNICACIÓN CLARA

Las fórmulas no son más que la suma de las mejores prácticas, y la razón por la que nos agradan es básicamente porque dan resultado. Ya contamos con grandes fórmulas para la administración, como el liderazgo situacional de Ken Blanchard, y hay otras que podemos utilizar para la producción, como *Six Sigma* (Seis Sigma, una metodología de mejora de procesos) o *Lean Manufacturing* («producción sin desperdicios», un modelo de gestión que se enfoca en minimizar las pérdidas de los sistemas de manufactura). Sin embargo, ¿hay alguna para la comunicación? ¿Por qué no tenemos una fórmula que podamos utilizar para explicar con eficacia lo que nuestros productos le ofrecen al mundo?

El esquema StoryBrand es esa fórmula. Sabemos que funciona porque una u otra versión de ella se ha puesto en práctica durante miles de años para captar la atención de la gente en obras de teatro, libros y, en las últimas décadas, películas y programas de televisión. Esto sí que es una suma de mejores prácticas. Las fórmulas de las historias han sido probadas por la industria del entretenimiento desde la antigüedad. Si hablamos de atrapar la atención de la gente, esta fórmula comprobada va a ser tu aliada más poderosa.

De todos modos, debo advertirte que las fórmulas de las historias son solo eso y resultan predecibles. Una vez que conoces las que utilizan los guionistas y novelistas para atrapar a un lector, puedes predecir el rumbo que tomará casi cualquier historia. Yo he aprendido a conocer tan bien estas fórmulas que mi esposa odia ver películas conmigo, porque sabe que en algún momento voy a darle un leve codazo y a susurrarle algo como: «Ese tipo va a morir en treinta y un minutos».

Las fórmulas de las historias revelan un camino trillado en el cerebro humano y, si queremos seguir haciendo negocios, debemos posicionar nuestros productos de modo que sigan ese camino para el que fueron diseñados.

La buena noticia es que estas fórmulas pueden funcionar igual de bien tanto para hacer crecer tu negocio como para entretener al público.

LA CLAVE ES LA CLARIDAD

La narrativa que sale de una empresa (al igual que la que circula internamente) debe ser clara. En una historia, el público siempre debe saber quién es el héroe, qué quiere, a quién tiene que derrotar para obtenerlo, la tragedia que se producirá si no lo consigue y el acontecimiento maravilloso que tendrá lugar si lo logra. Si la audiencia no puede responder a estas preguntas básicas, se desconectará y la película perderá millones en la taquilla. Si un guionista rompe estas reglas, es probable que nunca lo vuelvan a contratar.

Lo mismo sucede con la marca que representas. Nuestros clientes tienen preguntas urgentes, y si no las respondemos, van a inclinarse hacia otra marca. Por ejemplo, si no hemos identificado qué quiere nuestro cliente, qué problema podemos ayudarlo a resolver y cómo sería su vida al adquirir nuestros productos o servicios, ya podemos despedirnos de la idea de prosperar en el mercado. La mayoría de las empresas fracasan al crear estas frases y, lo que es peor, insisten en utilizar un lenguaje confuso o ajeno al cliente. Ya sea que estemos escribiendo una historia o intentando vender productos, nuestro mensaje debe ser claro. Siempre.

De hecho, en StoryBrand tenemos un mantra: «Si confundes, pierdes».

LOS NEGOCIOS TIENEN UN ENEMIGO

La claridad es importante porque tus negocios tienen un enemigo feroz y traicionero que, si no lo identificas ni lo combates, hará que tu empresa se contorsione hasta quedar reducida a un desastre irreconocible. Este enemigo del que hablo es el ruido.

El ruido ha matado más ideas, productos y servicios que cualquier impuesto, recesión, demanda, aumento de tasas de interés o incluso un diseño de producto inferior. No me refiero al ruido interno dentro de nuestro negocio, sino al ruido que *creamos* como empresa. Lo que muchas veces llamamos *marketing*, en realidad, es solo desorden y confusión desparramados por toda nuestra página web, correos electrónicos y anuncios publicitarios. Y nos está costando millones.

Hace algunos años, un cliente de StoryBrand que asistió a uno de nuestros seminarios se resistía a lo que oía.

«No creo que esto funcione para mí», me dijo. «Mi negocio es muy diverso como para ser reducido a una serie de frases sencillas».

Entonces le pedí que me lo explicara mejor.

«Tengo una empresa de pintura industrial con tres líneas de negocio distintas. Tenemos una división que se dedica a la pintura en polvo para piezas de autos. Otra es la del sellador para hormigón, y en la última tenemos un proceso de esterilización para una pintura que se utiliza únicamente en los hospitales».

Su negocio era diverso, pero no tan complejo que no pudiera ser simplificado para que más gente contratara sus servicios. Le pregunté si podíamos mostrar su sitio web en la pantalla gigante para que todos los participantes del seminario lo vieran. Su web estaba bien pensada, pero no tenía mucho sentido al ser observada desde una perspectiva externa (que es desde donde los clientes analizan tu negocio).

El hombre había contratado a un artista plástico para que hiciera una pintura del edificio de su empresa (¿acaso estaba vendiendo el edificio?) y, a primera vista, parecía la página web de un restaurante italiano. La primera pregunta que me hice al entrar en la página web fue: «¿Ustedes sirven panecillos gratis?». Había mil enlaces que te llevaban a la información de contacto, a las preguntas frecuentes y hasta a una línea de tiempo con la historia de la empresa, entre otras cosas. Incluso había enlaces a la organización sin fines de lucro con la que ellos contribuían. Era como si utilizaran su sitio web para responder miles de preguntas, pero ninguna que su cliente hubiera planteado.

Le pedí a los presentes que levantaran su mano si pensaban que el negocio de mi nuevo amigo podría crecer si limpiaba la página web y sencillamente mostraba la imagen de un hombre con un delantal blanco pintando algo, acompañada de un texto que dijera: «Pintamos todo tipo de m#*%$&», junto con un botón virtual en el medio de la página en el que se pudiera hacer clic y en el que se leyera el texto: «Solicita tu presupuesto».

La clase entera alzó su mano en señal de estar a favor de que este mensaje nuevo y más simple aumentaría el interés de los clientes.

Por supuesto que este negocio crecería con un mensaje más sencillo. ¿Por qué? Porque por fin dejaría de forzar a sus clientes a quemar calorías pensando en sus obras benéficas, su historia y sus oportunidades laborales para ofrecerles lo único que solucionaría el problema al que se enfrentaban: un buen pintor.

Lo que creemos estar diciéndoles a nuestros clientes y lo que ellos en realidad oyen son dos cosas diferentes, y los clientes no deciden qué comprar basándose en lo que decimos, sino en lo que ellos escuchan.

DEJA DE DECIR ESO

Todos los escritores con experiencia saben que la clave para escribir muy bien no está en lo que dicen, sino en lo que omiten. Para los profesionales hay una regla general y es que cuanto más suprimimos, mejor será el guion o el libro. Los grandes comunicadores conocen el poder de mantener un texto simple si quieren que la gente les preste atención y recuerde todo lo que dicen. Sin embargo, clarificar nuestro mensaje no es tan sencillo. Al matemático y filósofo Blaise Pascal muchas veces se le ha reconocido por haber enviado una carta larga, excusándose por no haber tenido tiempo de enviar una breve.

Si queremos generar una conexión con nuestros clientes, debemos dejar de acribillarlos con nuestro ruido.

Lo hermoso de clarificar tu mensaje utilizando el esquema SB7 es que facilita la comunicación. Ya no necesitarás sentarte frente a una página en blanco preguntándote qué decir en tu sitio web, tus minipresentaciones, tus envíos masivos de correos electrónicos, tus anuncios de Facebook o incluso tus comerciales de radio y televisión.

CLARIFICA TU MENSAJE

Ya sea que administremos una empresa pequeña o una marca multimillonaria, confundir a nuestros clientes siempre nos cuesta dinero. ¿Cuántas personas en nuestro equipo no pueden explicar cómo ayudamos a nuestros clientes a sobrevivir y prosperar? ¿Cuántas personas le compran a nuestra competencia porque ellos han comunicado un mensaje más claro que el nuestro? ¿Cuánto duraremos si seguimos hablando de aspectos de nuestros productos que a nuestros clientes no les interesan?

Las cosas pueden ser diferentes.

Para clarificar nuestro mensaje vamos a necesitar una fórmula seria. Esta fórmula tiene que servir para organizar nuestros pensamientos, reducir nuestros esfuerzos de *marketing*, disipar la confusión, atemorizar a nuestra competencia y hacer que nuestro negocio vuelva a crecer. Acompáñame ahora a aprender más sobre esa fórmula.

CAPÍTULO 2

EL ARMA SECRETA QUE HARÁ CRECER TU NEGOCIO

Para ayudar a que tu compañía crezca, voy a guiarte para que simplifiques tu mensaje, reduciéndolo a frases cortas o declaraciones que pertenecen a siete categorías. Una vez que tengas listos estos siete mensajes, se alivianará toda la ansiedad que te provoca hablar de tu marca y los clientes se sentirán más atraídos hacia lo que ofreces. Estas frases cortas van a ayudarte a entender mejor la historia de tus clientes para poder posicionarte en medio de ella junto con tus productos.

Después de todo, una historia es poderosa. Las historias siempre se les han transmitido a las personas para motivar e inspirar sus acciones. Son la energía que impulsa cada movimiento humano y lo único que puede mantener la atención de una persona durante horas como entretenimiento y durante años cuando comunica un propósito de vida.

Nadie puede negarse a una buena historia. De hecho, los neurocientíficos afirman que en promedio los seres humanos pasan más del treinta por ciento de su tiempo soñando despiertos (*a menos que* estén leyendo, escuchando o viendo una historia desarrollarse). ¿Por qué? Porque cuando estamos sumergidos en una historia, ella se encarga de soñar por nosotros.

Una historia es la mayor arma que tienes para combatir el ruido porque organiza la información de tal manera que la gente se siente atraída a escuchar. Si quieres captar la atención hacia tu marca, debes entender cómo funciona una historia y cómo invitar a tus clientes a una narrativa que los cautive.

UNA HISTORIA CONVIERTE EL RUIDO EN MÚSICA

Como vivo en Nashville, he conocido bastante bien la diferencia entre la música y el ruido. Casi la mitad de los amigos que mi esposa y yo tenemos son músicos. El talento aquí es inmenso y es muy difícil que una cena termine sin que alguien tome una guitarra.

Podría resumir lo que he aprendido de esta diferencia entre música y ruido al afirmar que mis amigos hacen lo primero y yo lo segundo, pero en realidad hay toda una serie de consideraciones científicas en torno al tema.

Si hablamos en términos técnicos, la música y el ruido son similares. Ambos se crean por la emisión de ondas sonoras que resuenan en nuestros tímpanos. Sin embargo, la música es un ruido que se somete a ciertas reglas que le permiten al cerebro conectarse desde un nivel diferente. Si reprodujera una grabación de un camión de la basura dando marcha atrás, pájaros cantando y niños riendo, es probable que no recuerdes todos esos sonidos al día siguiente. Pero si pongo una canción de los Beatles, puede que la tararees durante una semana entera.

Hay una diferencia notable entre una pieza musical bien compuesta y el sonido de un gato persiguiendo a un ratón en una fábrica de campanillas, lo cual sería equivalente a la página web, el discurso del líder o la presentación del promotor típicos de cualquier empresa pequeña.

El cerebro recuerda la música y olvida el ruido; de igual manera, retiene algunas marcas y descarta otras.

Las historias son como la música. Una buena historia toma una serie de hechos y verdades al azar y las sintetiza para obtener la esencia de lo que en verdad importa. El montaje final de una película se llama así por una razón. Antes de estrenarse en los cines, una película pasa por muchas rondas de ediciones, omisiones de diálogos, revisiones y supresiones de escenas. En algunos casos, personajes enteros desaparecen en la sala de montaje. ¿Por qué? Porque los contadores de historias utilizan esquemas y filtros para quitar el ruido. Si un personaje o una escena no le suma a la trama, se tiene que ir.

Cuando mis clientes quieren añadir confusión a su mensaje de *marketing*, les pido que tengan en cuenta las repercusiones que eso podría tener si estuviesen escribiendo un guion. Es decir, ¿qué pasaría si *Identidad desconocida*, una película sobre el espía Jason Bourne que buscaba su verdadera identidad, también incluyera escenas de Bourne intentando perder peso, casándose, rindiendo un examen de ingreso a abogacía, ganando en un programa de concurso en la televisión o adoptando un gatito? Es muy probable que la audiencia perdiera el interés. Cuando los narradores bombardean a la gente con información innecesaria, el espectador se ve forzado a quemar demasiadas calorías para poder entender la trama. Como resultado, sueñan despiertos y se van del cine, o en el caso de nuestro mensaje de *marketing*, prefieren a la competencia y terminan comprándoles a ellos.

¿Por qué muchas marcas crean ruido en vez de música? Es porque no se dan cuenta de que lo están haciendo. En realidad, piensan que las personas están interesadas en la información aleatoria que están brindando.

Por este motivo necesitamos un filtro. La esencia del *branding* es crear mensajes simples y relevantes que podamos repetir una y otra vez para «dejar nuestra marca» en la conciencia pública.

STEVE JOBS Y EL MENSAJE DE APPLE

Apple comenzó a convertirse en la empresa que es hoy después de que Steve Jobs comenzara a filtrar su mensaje con los esquemas que emplean los escritores para construir narrativas convincentes. Su forma de pensar se transformó luego de trabajar con (y en parte crear) la genial fábrica de contar historias que es Pixar. Cuando Jobs regresó a Apple después de haber estado rodeado de narradores profesionales, se dio cuenta de que todas las marcas memorables se habían construido sobre la base de una buena historia.

Tan solo piensa en la transformación increíble que tuvo la vida de Steve después de Pixar. En 1983, Apple lanzó una computadora llamada Lisa, el último proyecto en el que participó Jobs antes de que lo despidieran. Jobs lanzó Lisa con un anuncio de nueve páginas en el *New York Times* explicando todos los detalles de las características técnicas de la computadora. Eran nueve páginas de una información para genios de la tecnología que no le interesaba a nadie más que a los empleados de la NASA. La computadora, por supuesto, fracasó.

Cuando Jobs regresó a la empresa después de dirigir Pixar, Apple se volvió una compañía orientada al cliente, que ofrece sus productos de forma simple, es persuasiva y tiene una comunicación muy clara. En la primera campaña que Jobs lanzó al regresar, cambió las nueve páginas del *New York Times* por solo dos palabras exhibidas en carteles por todo Estados Unidos: «Piensa diferente».

De hecho, cuando Apple comenzó a filtrar su comunicación para hacerla más sencilla y relevante, dejó de incluir computadoras en casi todos sus anuncios. Después de todo, nadie en esa época sabía por qué necesitaba una computadora. En lugar de eso, ellos entendieron que sus clientes eran protagonistas de carne y hueso que vivían historias que consideraban poco interesantes. Jobs invitó a esos héroes a ser parte de una historia mejor, una en la que podían ser distintos, productivos, creativos y reconocidos. La oferta era clara: si quieres ser diferente, elige Apple. Esta historia a la que invitaban al público implicaba tres cosas: (1) identificar lo que sus clientes querían (ser vistos y escuchados); (2) definir el desafío de sus clientes (otros no reconocían su genio interior); y (3) ofrecerles a sus clientes una herramienta que pudieran utilizar para expresarse (computadoras y teléfonos inteligentes). Cada uno de estos puntos del argumento es un pilar en las fórmulas antiguas del arte de contar historias y resulta fundamental para conectar con el público.

En los próximos capítulos voy a explicarte más sobre estos tres pilares y otras cosas, pero por ahora veamos que el tiempo que pasó Apple esclareciendo el papel que desempeñaban en la historia de sus clientes fue uno de los factores principales de su crecimiento.

Sin embargo, fíjate en cómo la historia de Apple no trata acerca de su empresa, sino acerca de ti. Tú eres el héroe de la historia y ellos cumplen un papel parecido al de Q en la saga de James Bond: son a quienes acudes cuando necesitas una herramienta que te ayude a triunfar.

Sin importar lo que puedan decir los fanáticos de Mac, el hecho de que Apple tenga la mejor tecnología es cuestionable. La palabra «mejor» es subjetiva, por supuesto. Pero eso no importa. La gente no compra los mejores productos; compra los que puede entender y utilizar más rápido en su vida. Apple ha logrado integrarse a la historia de sus clientes como ninguna otra marca lo ha hecho, y como resultado de ello no es solo la empresa de tecnología más grande, sino también una de las diez empresas más grandes del mundo.[1] Si queremos que nuestro negocio crezca, deberíamos seguir su ejemplo y clarificar nuestro mensaje.

UNA HISTORIA PUEDE HACER CRECER TU NEGOCIO

Para entender mejor lo que Steve Jobs aprendió durante sus años en Pixar, olvidemos nuestro rol de empresarios durante algunas páginas y finjamos que estamos aprendiendo cómo crear una historia por primera vez. Luego de que comprendas cómo combinar una historia con el mensaje de tu marca, podrás generar material de comunicación (y hasta una estrategia de marca) que atraiga a más clientes y haga crecer tu negocio. Y cuando comprendas del todo el esquema y puedas ponerlo en práctica de forma instintiva, las personas en tu oficina se preguntarán cómo es posible que de repente te hayas convertido en un genio de la comunicación y el *marketing*.

Después de estudiar cientos de películas, novelas, obras de teatro y musicales de casi todos los géneros existentes, y de haber escrito doce libros propios y haber participado en el guion de una película basada en uno de mis libros que se estrenó a nivel nacional, pude reducir a siete puntos básicos la lista de elementos necesarios para que una historia resulte cautivante. Por supuesto, si estuviéramos escribiendo un guion completo necesitaríamos mucho más que esto, pero a fin de entender y entrar en la historia de nuestros clientes solo necesitamos comprender estos siete puntos fundamentales.

Una historia en pocas palabras

En síntesis, casi todas las historias que ves, lees o escuchas se reducen a esto: un *personaje* que quiere algo se encuentra con un *problema* que le impide conseguir lo que desea. En el momento de máxima desesperación, aparece un *guía* en su vida, que le da un *plan* y lo *llama a la acción*. Esa acción le permite evitar el *fracaso* y, de hecho, al final tiene *éxito*.

Eso es todo. Vas a reconocer esta estructura en todas las películas que mires, las novelas que leas y las historias que escuches de ahora en adelante. Al entender esta fórmula que acabo de mencionar, básicamente puedes predecir lo que va a suceder en casi todas las historias con las que te encuentres. Estos siete puntos básicos de una trama son poderosos porque funcionan para retener la atención de un ser humano. Por este motivo esa fórmula se ha utilizado en incontables historias durante miles de años. Pero eso no la convierte en estática o aburrida. De hecho, estos puntos de una trama son como acordes de música, porque puedes utilizarlos para crear una variedad infinita de expresiones narrativas. Al igual que sucede con una guitarra, se pueden inventar una infinidad de canciones creativas e interesantes con estos siete acordes. Sin embargo, si un compositor cambiara demasiado este conjunto de acordes, se estaría arriesgando a zambullirse en el mar del ruido incomprensible. Después de todo, la música es ruido sometido a ciertas reglas. Y si estas reglas se rompen, la audiencia no logrará conectarse. Con las historias sucede lo mismo que con la música. Si un escritor no logra identificar lo que quiere el héroe, no incluye suficiente conflicto o no dice lo que está en juego, entonces está rompiendo las «reglas de una historia» y las consecuencias serán nefastas, porque el espectador dejará de prestar atención y la película fracasará en la taquilla (o lo que es más probable, nunca se aprobará la producción).

¿Qué tiene que ver esto con hacer crecer tu negocio? Todo. Las mismas reglas que captan y mantienen la atención del público en una película también pueden captar y mantener la atención de un cliente. Eso es lo que necesitas más que cualquier otra cosa, pero más adelante hablaremos de cómo aplicarle una historia a tu negocio.

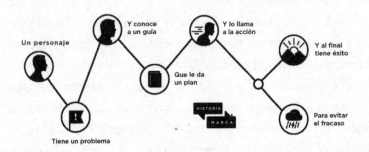

Por ahora, veamos cómo se emplea el esquema de forma simple en algunas historias conocidas. Cuando comiences a reconocer el esquema que está plasmado en las historias, entenderás con exactitud qué es lo que está confundiendo a los clientes de tu marca y haciéndote perder influencia.

En la primera película de la saga *Los juegos del hambre*, Katniss Everdeen se ve obligada a participar en una perversa competencia a muerte en la nación de Panem organizada por un gobierno malvado y autoritario llamado el Capitolio. El problema que ella enfrenta es evidente: debe matar o morir (el riesgo). Katniss se siente abrumada, completamente falta de preparación y en franca desventaja numérica (es la heroína en el pozo).

Aquí aparece Haymitch (el guía), ganador de una edición anterior de los juegos del hambre, un personaje atrevido y aficionado a la bebida. Él asume el lugar de mentor y ayuda a Katniss a tramar un plan para ganarse al público (el plan). Esto le consigue más patrocinadores, la equipa con más y mejores recursos para la pelea y finalmente aumenta sus probabilidades de ganar.

Aquí tienes a la primera historia de *Los juegos del hambre* plasmada en la plantilla StoryBrand:

En *La guerra de las galaxias: Una nueva esperanza*, nuestro héroe reticente, Luke Skywalker, sufre una tragedia devastadora: su tía y su tío mueren en manos del malvado Imperio (el héroe en el pozo). Esto desencadena toda una serie de eventos: Luke comienza la aventura de convertirse en un caballero Jedi (aquí entra el

Luke

Conoce a Yoda
Vivió como un Jedi

Va a derrotar
al Imperio

Destruye la
Estrella de
la Muerte

Confía en la fuerza

**LA GUERRA DE
LAS GALAXIAS**

La Alianza
Rebelde es
derrotada

Externo: *debe derrotar al Imperio*
Interno: *¿es un Jedi?*
Filosófico: *el bien contra el mal*

guía, Obi-Wan Kenobi, un antiguo caballero Jedi que en el pasado había entrenado al padre de Luke) y destruir la estación espacial del Imperio, la Estrella de la Muerte, lo que le permitirá a la Alianza Rebelde vivir y luchar un día más (el plan).

No todas las historias funcionan de esta manera, pero la mayoría sí. A veces, un escritor puede elegir que haya más de un guía o incluir lo que llamo *una escena con un clima disperso* (lo que a menudo hace peligrar la historia), pero la fórmula aparece en casi todas las historias que veas. Cuanto más apegado a la fórmula se mantenga el guionista o narrador, más disfrutará la historia el público.

Cuando Tom Cruise decidió hacer una secuela de su gran éxito de taquilla *Top Gun*, debe haber creado la película más predecible y apegada a la fórmula de la historia. El resultado fue una recaudación arrasadora de 1.460 millones de dólares: el film más lucrativo de toda su carrera artística.

El hecho de que casi todas las películas que ves en el cine contengan todos o la mayoría de estos siete elementos del esquema StoryBrand significa que el mismo es algo a lo que debemos prestar atención y considerar con respeto. Después de miles de años, narradores de todo el mundo han llegado a la conclusión de que esta fórmula (o alguna parecida) es un compendio de las mejores prácticas. En pocas palabras, este esquema es el pináculo de la comunicación narrativa. Cuanto más nos alejamos de estos siete elementos, más difícil resultará que la audiencia se involucre. Por este motivo, las películas *indie* (independientes), que muchas veces rompen con las fórmulas narrativas, no logran ser aclamadas por la crítica y son un fracaso rotundo en la taquilla. A los críticos a veces les gustan las películas disruptivas, pero eso es porque son unos esnobs que miran de todo y están hambrientos de consumir algo diferente. Las masas, en cambio, que no analizan las películas de forma profesional, solo quieren historias sencillas que las entretengan.

Por cierto, las historias no siempre tienen que ser ficticias para ajustarse a las fórmulas. Una de mis series documentales favoritas es *Bienvenidos al Wrexham*, una historia real de dos actores de Hollywood que compraron un equipo de fútbol de bajo nivel en Wrexham, Inglaterra, solo para transformar al equipo (y a la ciudad) de perdedores en una máquina diseñada para ganar. Cuando los narradores, que también produjeron la serie documental, editaron la historia, se aseguraron de incluir una ambición clara en cada episodio, un desafío que los héroes tuvieran que vencer, anécdotas de los protagonistas (en este caso, representadas por un grupo de pueblerinos, jugadores de fútbol, familiares y un par de actores adorables que eran humildes, pero entusiastas) que nos hacen quererlos, y toneladas de riesgos y desafíos que los llevan a —perdón por arruinarlo— victorias ganadas por un pelo. ¡Vaya! Creo que perdí dos semanas de mi vida en el sofá presionando el botón de «siguiente episodio». Me compenetré tanto con la historia que mi esposa me tuvo que hacer notar que estaba comenzando a hablar con acento galés y me pidió por favor que dejara de utilizar metáforas futbolísticas como «la metiste en el arco» para describir su hermoso vestido.

Parece cierto que algunas marcas (al igual que algunos guionistas) rompen estas fórmulas e igual tienen éxito, pero cuando miras con detenimiento, casi nunca parece ser el caso. Los guionistas más brillantes saben cómo utilizar la fórmula sin que resulte predecible. Lo mismo sucede con los especialistas en *marketing*, por cierto. La capacidad de mantener la claridad y que aun así sea algo único y singular es lo que los hace brillantes. Cuando te vuelves un experto en el esquema SB7, casi nadie nota que lo estás utilizando.

Las tres preguntas cruciales

Entonces, ¿cómo podemos hacer que la historia que cuenta nuestra empresa sea más clara?

Recuerda que el mayor enemigo de nuestro negocio es el mismo que enfrentan las buenas historias: el ruido. Existe una prueba para saber si los guionistas están haciendo un buen trabajo en lo que respecta a mantener la historia clara: en cualquier punto de la película debes ser capaz de hacer una pausa y responder con claridad a estas tres preguntas cruciales.

1. ¿Qué quiere el héroe (o la heroína)?
2. ¿Quién o qué le impide conseguir lo que quiere?
3. ¿Qué pasará en su vida si consigue (o no) lo que quiere?

Si alguna vez comenzaste a divagar durante una película, es probable que haya sido porque tu subconsciente no pudo responder alguna de estas preguntas o, peor aún, porque perdiste el interés. Aquí está el secreto: si no puedes responder estas preguntas dentro de los primeros quince o veinte minutos, la historia ya se convirtió en ruido y es casi seguro que defraudará a su audiencia.

En StoryBrand, nuestros asesores certificados han revisado miles de páginas de material de *marketing* que no tenían nada que ver con la historia del cliente. A nuestros consultantes les decimos exactamente lo mismo que me dijeron mis amigos cineastas a mí cuando estaba escribiendo guiones: todo aquello que no sirva a la trama tiene que ser eliminado. Solo porque un eslogan suene bien o porque una imagen en un sitio web llame la atención no significa que nos ayude a entrar en la historia de nuestros clientes. En todos los textos de *marketing* y comunicación que escribimos tenemos dos opciones: alimentamos la historia de nuestros clientes o caemos en un pozo de confusión; creamos música o hacemos ruido.

Y nadie recuerda a una empresa que hace ruido.

¿TU *MARKETING* PASA LA PRUEBA DEL GRUÑIDO?

Así como hay tres preguntas que la audiencia debe poder responder para identificarse con una historia, también hay tres preguntas que los clientes potenciales deben contestar si esperamos que se comprometan con nuestra marca. Deberían ser capaces de responderlas al cabo de solo cinco segundos de ver nuestra página web o nuestro material de *marketing*:

1. ¿Qué ofrecen?
2. ¿Cómo esto podría mejorar mi vida?
3. ¿Qué tengo que hacer para comprarlo?

En StoryBrand a esto lo llamamos *la prueba del gruñido*. La pregunta clave es esta: ¿podría un cavernícola mirar tu página web y de inmediato responder a tu oferta con solo un gruñido? Imagina a un tipo vestido con una piel de oso sentado en una caverna junto al fuego, con una computadora portátil en su regazo en la que está viendo tu sitio web. ¿Podría mediante gruñidos responder las tres preguntas anteriores? Si fueras una empresa que vende aspirinas, ¿podría gruñir: «Tú vendes medicamentos para dolor de cabeza, yo sentirme mejor rápido, puedo comprarlo en farmacia»? Si no es así, es probable que estés perdiendo ventas.

Basta de esos textos por los que la agencia de publicidad te cobra tanto. Nadie quiere ir a tu sitio web para adivinar un acertijo. Simplemente sé claro.

LA CLARIDAD PRODUCE RESULTADOS

Uno de nuestros primeros clientes, Kyle Shultz, era un bombero de Ohio que se interesó por StoryBrand porque quería dejar su trabajo y perseguir su pasión de enseñar fotografía. Hacía poco había lanzado un curso en línea de fotografía orientado a padres y madres. Había trabajado mucho para crear un video fantástico de entrenamiento que les permitiría a las madres de todas partes finalmente comenzar a utilizar esa cámara de fotos básica que tenían guardada en el cajón de los cachivaches porque sentían que era demasiado complicada de usar. El interés era razonable. En su primer lanzamiento, ganó veinticinco mil dólares por la venta de los cursos. Estaba muy contento, pero aun así no era suficiente dinero para que pudiera renunciar a su trabajo y enseñar fotografía a tiempo completo.

Cuando Kyle encontró el esquema SB7, comenzó a preguntarse si acaso su mensaje era demasiado confuso. La noche anterior a su siguiente lanzamiento utilizó el esquema para rediseñar su sitio web por completo. De hecho, eliminó el noventa por ciento del texto que había utilizado antes en la página de ventas y dejó de emplear un lenguaje de expertos como «número f» o «profundidad de campo». En cambio, empleó frases como «pensemos en esas fotografías increíbles con el fondo borroso».

Al día siguiente, Kyle envió una cantidad enorme de correos electrónicos a la misma lista que había contactado solo seis meses antes y les ofreció nuevamente el curso. No esperaba una gran respuesta, porque ya le había vendido a esa lista de clientes, pero para su sorpresa el curso facturó otros ciento tres mil dólares en inscripciones.

¿Cuál fue la diferencia? Él resaltó los aspectos del curso que ayudarían a los padres a sobrevivir y prosperar (formar tribus más fuertes, fortalecer los vínculos familiares y conectarse de forma más profunda con el sentido más verdadero de la vida). Lo hizo de una forma tan simple (con menos de trescientas palabras en su página de ventas) que la gente no tuvo que quemar calorías para entender en qué se podían beneficiar de lo que les ofrecía. De un día para el otro, había logrado convertir ese desorden en una guía clara para la historia de sus clientes.

Kyle ha podido renunciar a su trabajo y en la actualidad dirige la Escuela de Fotografía Shultz a tiempo completo. Todos los días recibe mensajes de padres agradecidos por haberlos ayudado a sentir que las fotos que les toman a sus hijos son geniales.

Les voy a contar otra historia. Mi esposa hizo una nueva amiga llamada Nicole Burke. Poco a poco, su misión de convertir a la jardinería en algo cotidiano se estaba volviendo popular por medio de su negocio, Gardenary. Nicole tiene una personalidad fantástica, digna de aparecer en televisión, y había llamado la atención de muchos clientes. Cuando nos unimos y comenzamos a revisar su material de comunicación, tuve que ser sincero con ella: nadie se despierta un día de pronto con el deseo de que la jardinería forme parte de su vida. Esa solo era *su* misión, pero no la de sus clientes. Le sugerí que comprara el dominio StartAGarden.com [TuPropioJardin.com], porque miles de personas sí se despiertan una mañana cualquiera y se dan cuenta de que quieren comenzar su propio jardín. Una investigación rápida en Amazon.com y en internet nos demostró que nadie había tenido esa idea. La propiedad intelectual estaba libre y ella lo aprovechó. Hoy en día, el negocio de Nicole está a punto de cuadruplicarse en ingresos e influencia, pero no por haber lanzado un producto nuevo o por tener ese programa de televisión (que bien lo merece), sino porque comenzó a ser clara. Creo que Nicole será una personalidad famosa algún día. ¿Por qué? Porque va a ser dueña de la solución a un problema. Si quieres comenzar tu propio jardín, busca a Nicole. Lo irónico de su historia es que al tildarse a sí misma como la persona que puede ayudarte a comenzar tu propio jardín, ella hará que la jardinería sea algo común y corriente, y de este modo cumplirá su misión original. La moraleja es que no vamos a cumplir nuestra misión explicando nuestra propia historia, sino invitando a los clientes a una historia en la que *ellos* puedan experimentar un triunfo claro.

NECESITAMOS UN FILTRO

Alfred Hitchcock definió a una buena historia como «la vida sin las partes aburridas».[2] Una buena gestión de marca o *branding* es lo mismo. Nuestras empresas son complejas, eso es seguro, pero un buen filtro de comunicación eliminará todo lo que aburre a nuestros clientes para acentuar los aspectos de nuestra marca que los ayuden a sobrevivir y prosperar.

Entonces, ¿cómo podemos generar estos mensajes? Es sencillo. Utilizamos la misma plantilla que emplean los contadores de historias para planear una historia con la que nuestros clientes puedan identificarse, luego ideamos frases claras y refinadas para las siete categorías relevantes de sus vidas a fin de posicionarnos como sus guías. Al hacer esto, nos convertimos en quienes los ayudarán a vencer sus desafíos y alcanzar la vida que desean vivir.

Una vez que comencemos a examinar nuestro mensaje a través del esquema SB7 y a utilizarlo como un filtro de comunicación, podremos replicar mensajes poderosos una y otra vez para dejar una «marca» en la vida de nuestros clientes.

El esquema SB7 es sencillo, divertido y eficaz. Y cuando termines, todo el mensaje de tu marca (*brand*) se resumirá en una sola hoja de papel. A esa hoja, que en realidad es una aplicación digital gratuita que voy a mostrarte más adelante, la llamaremos el guion de marca StoryBrand (StoryBrand BrandScript).

Una vez que hayas terminado el proceso, lo utilizarás para crear todo tipo de mensajes y material de *marketing* de la mejor manera y para posicionarte con más claridad en el mercado. Piensa en el esquema StoryBrand como un plan de pérdida de peso para tu empresa. Cuando tu comunicación sea delgada y musculosa, los clientes al fin comenzarán a oírte. Si entienden de qué formas puedes ayudarlos a vivir una gran historia, tu negocio crecerá.

Dicho esto, vamos a darle un vistazo al esquema StoryBrand.

CAPÍTULO 3

EL SENCILLO ESQUEMA SB7

En los siguientes capítulos voy a profundizar en los elementos del esquema SB7 y a mostrarte de qué forma cada categoría de la comunicación puede hacer a tu marca más atractiva para tus clientes. Utilizarás estas siete categorías para redactar frases cortas que puedas repetir una y otra vez con el objetivo de obtener resultados extraordinarios. Sin embargo, por ahora démosle un vistazo rápido para poder entender, de manera resumida, todo lo que el esquema StoryBrand puede hacer por ti a la hora de simplificar el *marketing* y la comunicación de tu negocio.

EL ESQUEMA STORYBRAND

1. Un personaje

Principio número uno de StoryBrand:
El cliente es el héroe, no tu marca.

El mayor cambio de paradigma en el esquema SB7 es que el héroe de la historia es el cliente, no tu marca. Cuando posicionamos a nuestro cliente como el héroe y a nosotros como sus guías, van a reconocernos como una fuente confiable que los ayudará a superar sus desafíos.

Posicionar al cliente como el héroe de la historia no es solo demostrar buenos modales; también es hacer buenos negocios. No obstante, eso es algo que va en contra del sentido común. La experta en comunicación Nancy Duarte ha realizado muchas investigaciones para crear presentaciones impactantes. La estrategia que les recomienda a sus clientes resulta simple: cuando des un discurso, piensa que eres Yoda y tu público es Luke Skywalker.[1] Este cambio pequeño pero poderoso honra el recorrido de la audiencia y nos posiciona como líderes que son la fuente de la sabiduría, los productos y los servicios que ellos necesitan para poder prosperar.

En *marketing* y comunicación, muchos líderes de negocios se colocan a sí mismos en el lugar del héroe y eso aleja a los clientes. Imagina que vas al cine a ver una película en la que la historia se detiene y el guionista aparece en la pantalla para hacer alarde de lo increíble que es la trama y lo brillantes que fueron al idear esos personajes excelentes. Ningún guionista haría eso, ¿verdad? Sin embargo, los líderes de negocios sí, y todo el tiempo. En lugar de invitar a sus clientes a una historia, hablan de sí mismos, su misión, sus metas, sus antecedentes y todo tipo de cosas que a sus clientes no les interesan. Por el contrario, debemos entender nuestros productos desde la perspectiva del cliente.

Una vez que identificamos quién es nuestro cliente, debemos preguntarnos qué busca al relacionarse con nuestra marca. El elemento catalizador de cualquier historia es que el héroe *quiere algo*.

El resto de la historia es una travesía para descubrir si obtendrá lo que desea o no.

Si no logramos identificar eso, nuestros clientes nunca se sentirán invitados a ser parte de la historia que estamos contando. A medida que vayamos explorando el primer elemento del esquema StoryBrand, te mostraré aquello que los clientes en verdad quieren de ti y cómo invitarlos a ser parte de una historia que los haga prestar atención a tu marca para que puedan obtenerlo.

2. Tiene un problema

 PRINCIPIO NÚMERO DOS DE STORYBRAND: LAS EMPRESAS TIENDEN A VENDER SOLUCIONES A PROBLEMAS EXTERNOS, PERO LOS CLIENTES COMPRAN SOLUCIONES A PRODUCTOS INTERNOS.

Lo único que las personas compran son soluciones a sus problemas, y si no has identificado los problemas de tus clientes o no hablas de ellos con claridad, no vas a poder venderles nada.

En su forma más pura, una historia comienza con un personaje que vive en paz y tranquilidad. De pronto, esa tranquilidad es interrumpida: estalla una bomba, secuestran a alguien o se produce un desastre. Esto plantea el comienzo de la historia, un dilema al que llamo *el héroe en un pozo*. Una vez que tu héroe está dentro del pozo, comienza la historia, que por supuesto gira en torno a la intención de sacarlo de allí. Entonces él emprende una travesía para regresar a la vida tranquila que antes disfrutaba.

Los clientes se sienten atraídos a nuestra marca por la misma razón que los héroes aparecen en las historias: quieren resolver un problema que, en mayor o menor medida, ha interrumpido su apacible vida. En resumen, cada uno de nuestros clientes es un «héroe en un pozo» buscando la forma de salir. Ya sea que busquen el regalo perfecto para el Día de las Madres, alivio para el dolor de cabeza, dientes más blancos, un auto más grande para transportar a su familia numerosa o hacer una inversión que les sirva para reducir sus impuestos, tus clientes están en un hoyo y buscan una salida. Si vendemos productos para el cuidado del césped, ellos acuden a nosotros porque les avergüenza el estado de su jardín o simplemente no tienen tiempo para ocuparse de arreglarlo. Si vendemos asesoramiento financiero, se acercan porque están preocupados por su plan de jubilación. Tal vez no sea algo tan dramático o sexy como James Bond acudiendo a Q para recibir las armas de espía de última tecnología, pero la premisa es la misma: nuestros clientes están en problemas y necesitan nuestra ayuda.

Al hablar de las dificultades que ellos enfrentan, podemos hacer que se interesen más en todo lo que ofrecemos.

No obstante, lo que la mayoría de las marcas olvidan es que hay tres niveles de problemas que un cliente experimenta. En las historias, los héroes tienes problemas externos, internos y filosóficos. ¿Por qué? Porque son los mismos con los que lidiamos los seres humanos en nuestra vida cotidiana. Casi todas las empresas intentan vender soluciones a asuntos externos, pero, a medida que desarrollemos el esquema StoryBrand, verás por qué resolver las frustraciones internas motiva mucho más a los clientes.

En el segundo elemento del esquema StoryBrand veremos estos tres niveles de problemas que las personas experimentan y crearemos mensajes que ofrezcan una solución para ellos. Entender y atender los tres niveles de problemas que enfrentan nos ayudará a crear una promesa de marca que se vinculará con nuestros clientes en un plano primitivo y en su punto más profundo de necesidad. A su vez, esto nos hará ganarnos su cariño y tendremos promotores apasionados de la marca.

3. Y conoce a un guía

 PRINCIPIO NÚMERO TRES DE STORYBRAND: LOS CLIENTES NO BUSCAN OTRO HÉROE, BUSCAN UN GUÍA.

Si los héroes de una historia pudieran solucionar sus propios conflictos, para empezar nunca se meterían en problemas. Por ese motivo, a lo largo de los siglos, los narradores han creado otro personaje para ayudarlos a ganar. Dependiendo del académico con el que hables, existen muchos nombres para este personaje, pero el término que utilizamos en StoryBrand es *el guía*.

En *El discurso del rey*, la película de Tom Hooper ganadora del Oscar, el rey Jorge VI lucha para vencer una tartamudez que lo hace ver débil. Mientras Gran Bretaña se prepara para la guerra contra Alemania, los británicos se vuelven hacia su líder para que les infunda confianza y dirección. Desesperado, el rey Jorge VI solicita la ayuda de Lionel Logue, un dramaturgo convertido en logopeda, que le brinda un plan, lo prepara para ser competente y lo ayuda a convertirse en un gran orador. Este apoyo emocional y estratégico es el mismo que Obi-Wan y Yoda le ofrecen a Luke Skywalker en *La guerra de las galaxias*, que Haymitch le brinda a Katniss en *Los juegos del hambre*, que Bing Bong le da a Alegría en *Intensamente* de Pixar y que infinitos otros guías les ofrecen a otros héroes en casi todas nuestras historias favoritas.

No es casualidad que aparezcan guías en casi todas las narrativas que encuentres. La mayoría de los seres humanos buscan un guía (o varios) que los ayude a triunfar.

Ponerse uno mismo en el lugar del héroe es un error. Las marcas que asumen el papel de *héroes* sin darse cuenta complican su relación con los potenciales clientes. Todos los seres humanos se levantan cada mañana y ven el mundo desde la óptica del protagonista. El planeta gira alrededor de ellos, sin importar qué tan altruistas, generosos y abnegados sean. Cada día, en definitiva, se trata de la forma en que *nosotros* enfrentamos nuestro mundo. Los clientes potenciales sienten lo mismo con respecto a sí mismos. Ellos son el centro de su mundo.

Cuando una marca viene y se coloca en el papel del héroe, los clientes permanecen distantes. Nos escuchan hablar de lo grande que es nuestro negocio y su subconsciente interpreta que estamos compitiendo con ellos por los escasos recursos. Su patrón de pensamientos es algo así: *Oh, este es otro héroe, como yo. Desearía tener más tiempo para oír su historia, pero justo ahora estoy ocupado buscando un guía que me saque de este pozo.*

Muchas marcas han arruinado su potencial por ponerse en el papel del héroe en vez de posicionarse como guías. Muchos políticos han perdido las elecciones por hacer esto mismo. Miles de productos han fracasado luego de su lanzamiento, no porque el producto fuera malo, sino porque no estaba presentado como una herramienta que el héroe pudiera utilizar para salir del pozo. Estos son errores fatales y, tristemente, se cometen todo el tiempo. Mientras exploramos el tercer elemento del esquema StoryBrand, veremos dos disparadores mentales que van a posicionarlos a ti, a tu marca y a tus productos como el guía con los recursos que tus clientes han estado buscando.

4. Que le da un plan

Principio número cuatro de StoryBrand: Los clientes confían en un guía que les da un plan en forma de pequeños pasos.

En este punto de la historia de nuestros clientes ya hemos identificado lo que quieren, hemos definido los tres niveles de problemas que enfrentan y nos hemos posicionado en el papel de guías. Ellos nos aman por hacer el esfuerzo, pero aun así no están listos para comprar. ¿Por qué? Porque no hemos elaborado un plan de acción simple que puedan emplear para salir de su pozo.

Realizar una compra es un gran paso, en especial si nuestros productos o servicios son costosos o lleva mucho tiempo adquirirlos. Entonces, lo que los clientes buscan es que les tracemos un camino claro en el que no haya confusiones sobre cómo será el proceso de salir del pozo. El elemento de StoryBrand que utilizaremos para crear este derrotero es *el plan*.

En la mayoría de las historias el guía le da un plan al héroe, por lo general en la forma de pasos a seguir para realizar la tarea. En las películas de *La guerra de las galaxias*, Yoda le dice a Luke que confíe en la Fuerza y luego lo entrena para hacer uso de ese poder. En *El discurso del rey*, Lionel le enseña al rey Jorge una serie de ejercicios para controlar su tartamudez. La idea es que las personas buscan una filosofía que puedan aplicar o una secuencia de pasos que puedan dar para resolver sus problemas.

En el cuarto elemento del esquema StoryBrand analizaremos dos tipos de planes: el plan del acuerdo y el plan del proceso. Cada uno de ellos fortalecerá la confianza de los clientes y les mostrará un camino claro hacia la estabilidad, creando una escalera que puedan utilizar para salir del pozo. Esto aumenta significativamente las posibilidades de que hagan una compra.

5. Y lo llama a la acción

PRINCIPIO NÚMERO CINCO DE STORYBRAND: LOS CLIENTES NO ACTÚAN A MENOS QUE ALGUIEN LOS DESAFÍE A HACERLO.

En las historias, los personajes no pasan a la acción por su cuenta. Hay que desafiarlos a que lo hagan. Si estamos contando la historia de un hombre que necesita perder quince kilos y de pronto decide hacerlo por voluntad propia, la audiencia no podrá evitar el descreimiento. ¿Por qué? Porque así no funciona la vida real. El héroe necesita un motivo para actuar. Nuestro personaje tiene que toparse con su amor de la escuela secundaria que ahora es instructora de yoga o perder una apuesta que lo obligue a correr una maratón. En las historias, los héroes solo reaccionan después de ser desafiados por una fuerza externa.

Este principio es cierto en las historias porque también se cumple en la vida real. Los seres humanos se ponen en acción cuando sus historias los retan a hacerlo.

Te sorprenderías de la cantidad de empresas que no dirigen a sus clientes llamamientos a actuar que resulten contundentes. Utilizan frases como «saber más» o «comenzar», que parecen más bien sugerencias pasivo-agresivas que un llamado claro a actuar. Un llamado a la acción conlleva ofrecer un paso claro y directo que nuestro cliente pueda dar para vencer el desafío y regresar a su vida pacífica. Si no hay llamamientos claros a actuar, la gente no va a comprometerse con nuestra marca.

En la quinta parte del esquema StoryBrand te mostraré dos llamamientos a la acción que les han dado resultado a miles de nuestros clientes. Uno es un llamado directo, pidiéndoles que compren o programen una cita. El otro es un llamado transicional, es decir que promueve nuestra relación con el cliente para que continuemos ganando su confianza hasta que esté listo para hacer su pedido. Esto cambió mi vida para siempre y hasta cuadruplicó los ingresos de mi propia empresa cuando comencé a implementarlo. Una vez que comencemos a utilizar ambas formas de llamamiento a la acción en nuestros mensajes, los clientes entenderán exactamente lo que queremos que hagan y decidirán si nos permiten ser parte de su historia o no. Si no llamamos a nuestros clientes a actuar, ellos tenderán a ignorarnos, pero cuando los llamemos (de la forma correcta), se van a involucrar y a pedir nuestros productos.

6. Para así evitar el fracaso

 Principio número seis de StoryBrand: Todo ser humano trata de evitar que su historia tenga un final trágico.

Las historias remontan vuelo o se estrellan en función de una única pregunta: ¿Qué hay en juego? Si no hay nada que ganar o perder, a nadie le interesa. ¿El héroe logrará desarmar la bomba, o toda esa gente morirá? ¿El protagonista se quedará con la chica, o terminará solo y con la autoestima por el piso? Estos son los riesgos que se sopesan en la mente de una audiencia ávida de historias, y si no las incluimos, el público perderá el interés de inmediato.

Si en una historia no hay nada en juego, no hay historia. Del mismo modo, si no hay nada en juego en el caso de adquirir tu producto o no, no lo compraré. Después de todo, ¿por qué debería hacerlo?

En resumen, debemos mostrarle a la gente el costo de *no* hacer negocios con nosotros.

En la década de 1980, la cadena de comida rápida Wendy's le preguntó —literalmente— a todo Estados Unidos: «¿Dónde está la carne?». La insinuación era que sus competidores no estaban sirviendo porciones suficientes de carne. Entonces, ¿cuál es el riesgo de elegir otra marca que no sea Wendy's? Que tal vez nos den un sándwich escuálido y poco convincente. De igual manera, Whole Foods ha construido una industria enorme ayudando a sus clientes a evitar las consecuencias de los productos ultraprocesados, y Trader Joe's creció permitiéndoles a sus clientes evitar las consecuencias de los altos precios de Whole Foods. La venta de todos los productos de alimentos saludables se basa en el riesgo de arruinar la salud, sentirse cansados, acortar la longevidad y cosas por el estilo. Si hablamos de invitar a los clientes a ser parte de una historia, lo que está en juego es importante.

Las marcas que ayudan a sus clientes a evitar lo negativo en su vida (y definen esa negatividad con claridad y un lenguaje simple) los captan por el mismo motivo que las buenas historias cautivan a una audiencia, es decir, porque especifican lo que está en juego.

A medida que exploremos el sexto elemento del esquema StoryBrand, te ayudaré a identificar qué es lo que está en juego en la historia de tus clientes con relación a tu marca. Sin embargo, antes de continuar es importante recalcar que al hablar de los problemas de tus clientes y mencionar los riesgos negativos no tienes por qué dar una impresión negativa. En la experiencia de haber trabajado con miles de marcas para ayudarles a incorporar el esquema pude ver que muchas veces les preocupa que su marca se vea como pesimista y amargada. Si esto también te preocupa a ti, debes saber que cuanto más profundo es el pozo que supera tu héroe, más poderoso y positivo se verá el resultado. Si no logras mostrarles los riesgos negativos, en definitiva, estás diciendo que el pozo en el que se encuentra no es tan profundo, lo que hace que se vea menos valioso que tu marca lo rescate de allí. En otras palabras, cuando vencemos, todo lo negativo se convierte en positivo. En este sexto elemento te ayudaré a hablar sobre los riesgos negativos que enfrentan tus clientes héroes para que te vean de la forma más positiva posible.

7. Y al final tiene éxito

 Principio número siete de StoryBrand: Nunca asumas que la gente entiende cómo tu marca puede cambiar sus vidas. Díselo.

Debemos decirles a nuestros clientes lo increíble que será su vida cuando compren nuestros productos y servicios. Ronald Reagan describió la imagen de «una ciudad resplandeciente en lo alto de una colina».[2] Bill Clinton se ofreció para ayudar a los estadounidenses a «construir un puente hacia el siglo veintiuno».[3] Durante la época oscura y triste de la Gran Depresión, Franklin Roosevelt utilizó la canción «Happy Days Are Here Again» [Los buenos días volvieron] como la música oficial de su campaña.[4] Del mismo modo, Apple nos brinda herramientas que nos permiten expresarnos y ser escuchados; la empresa Weight Watchers nos ayuda a perder peso y a sentirnos con energía; y la marca Men's Wearhouse nos garantiza que nos gustará nuestro aspecto. En esencia, cada una de estas marcas hace que sus clientes (o votantes) sepan cómo podría ser su vida una vez que salgan del pozo.

Piénsalo de esta manera: todos quieren que los lleven a algún lugar, y si no logramos contarles hasta dónde somos capaces de conducirlos, se fijarán en otra marca.

En el séptimo elemento del esquema StoryBrand veremos con más detalle una frase fundamental para completar tu estrategia de comunicación: ofrecer una visión de lo genial que será la vida del cliente si elige nuestros productos y servicios. ¿Cuáles son los mensajes positivos que funcionan? Exploraremos esto y mucho más en el séptimo elemento.

CUANDO TE SIENTAS CONFUNDIDO, CLARIFICA TU MENSAJE

En este momento, tu cabeza debe estar dando vueltas. Aunque haya solo siete elementos en el esquema, ¿cómo reducimos nuestro mensaje de modo que nuestro material de *marketing* y comunicación dé resultado?

Hemos creado una herramienta para simplificar el proceso. Este recurso disminuirá la dificultad para generar un mensaje claro, te ahorrará tiempo, te entretendrá cuando la utilices y te motivará a crear un material que funcione. Como mencioné antes, esta herramienta se llama StoryBrand BrandScript (o guion de marca StoryBrand) y va a convertirse en tu nuevo mejor amigo.

No solo eso, sino que además hemos actualizado esta herramienta para que incluya palabras claves con Inteligencia Artificial (IA) que te permitirán no solo generar mejores frases, sino también convertirlas en campañas de mensajes y *marketing* que puedes utilizar para invitar a los clientes a ser parte de una historia. Casi un millón de personas han empleado BrandScript en su antigua versión, pero ahora hemos mejorado esta herramienta y esperamos oír aún más historias de resultados increíbles. El guion de marca o BrandScript es completamente gratuito para ti como regalo por comprar este libro.

Puedes crear tu guion de marca StoryBrand y posteriormente tu campaña de mensajes y *marketing* de manera gratuita en Story-Brand.AI y se verá algo así:

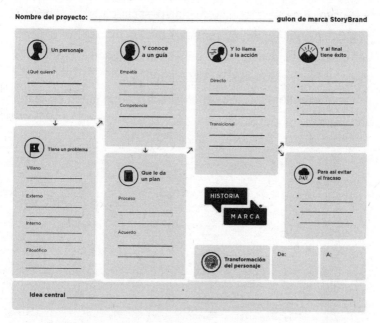

En los próximos siete capítulos voy a invitarte a recorrer estos elementos del esquema y a ayudarte a crear tu guion de marca. En él vas a obtener una serie de frases cortas y simples que puedes utilizar en todas las formas de *marketing* y comunicación, entre las que se encuentran tu sitio web, discursos de presentación, captadores de clientes, anuncios publicitarios digitales y tradicionales, e incluso las conversaciones informales. Descubrirás que, cuando crees tus frases y las utilices, tu marca ganará cada vez más terreno, y cuanto más las repitas, más éxito tendrás. Una vez que las hayas generado, ya no volverás a sentir confusión al momento de hablar de tus productos y servicios; además, tendrás mensajes que cautivarán más a tus potenciales clientes.

El primer proyecto que deberías realizar con esta herramienta es el que representa a tu marca en general. Después intenta crear un guion de marca o BrandScript para cada división de tu empresa, y luego para cada producto. Si quieres, incluso puedes generarlo para cada segmento de tu clientela. Los usos de esta herramienta son infinitos. De hecho, yo la utilicé para diagramar este libro y posteriormente para escribir cada capítulo.

Si quieres comunicarte con claridad, crea un guion de marca StoryBrand.

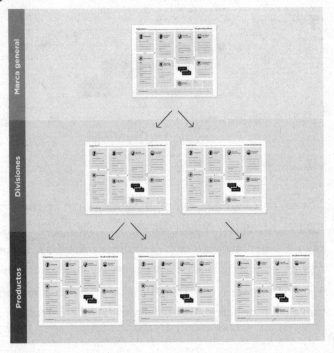

Recuerda: para crear un guion de marca que puedas guardar, editar y repasar una y otra vez, dirígete a StoryBrand.AI.

Crear este guion de marca no solo te ayudará a obtener un mensaje claro para captar clientes, sino que además te aportará claridad sobre el valor que le ofreces al mundo. Muchos líderes de negocios saben que sus productos son importantes, pero no están exactamente seguros de por qué. Esta confusión puede hacer surgir una falta de confianza en lo que has creado o lo que representas. Cuando crees tu guion de marca, estarás seguro de que lo que haces realmente es importante para el mundo.

CLARIFICA TU MENSAJE PARA QUE LOS CLIENTES TE ESCUCHEN

A medida que avances a través de los siete elementos del esquema StoryBrand, sigue estos tres pasos:

1. Lee cada uno de los siete capítulos que siguen.
2. Al finalizar cada capítulo, piensa en ideas de posibles mensajes que puedas utilizar para completar el contenido de tu guion de marca o BrandScript.
3. Examina tus ideas con detenimiento y luego decídete por un mensaje específico para utilizar en cada sección del guion.

Recuerda: los mensajes claros y simples que son importantes para tus clientes generan ventas.

Todos los seres humanos ya conocen el idioma de las historias; por lo tanto, cuando comiences a utilizar el esquema SB7, por fin estarás hablando su idioma.

LOS RIESGOS SON ELEVADOS

Seguramente querrás adelantarte y saltarte la parte de pensar con profundidad en cada uno de los siete elementos del esquema. Después de todo, ya tienes el guion de marca, ¿no es mejor entonces comenzar a completarlo de inmediato?

Los guionistas novatos cometen el mismo error. Piensan que saben cómo funciona una historia, así que se apresuran a escribir en su computadora y unos meses después no pueden descubrir el motivo por el que su historia es aburrida o el público no se siente interpelado por ella. Te diré por qué ocurre eso: ellos saben cómo es el proceso en general, pero nunca se molestaron en aprenderse las reglas que lo rigen.

Cada módulo del esquema SB7 tiene reglas inalterables que no puedes romper; de otro modo, los clientes no podrán identificarse con la historia que les estás contando y habrá menos posibilidades de que se sientan atraídos por tu marca.

Todos los años miles de empresas cierran sus puertas, no porque no tengan buenos productos, sino porque los potenciales clientes no llegan a ver cómo ese producto puede mejorarles la vida. Si no analizamos minuciosamente cada elemento de la historia de nuestros clientes, ellos sentirán que no nos importan y se decidirán por una marca rival que se tome el tiempo de hacerlo.

Quizás puedas pensar que es demasiado tarde para ti. Es decir, si está escrito en un libro, es probable que ya todos estén haciéndolo. ¿De verdad es así? ¿Cuántas personas leen las primeras veinte páginas de un libro y luego lo abandonan? Diría que la mayoría, de modo que ya les llevas ventaja. ¿Qué pasaría si te comprometieras a poner en práctica este proceso y tu competencia no? Ganarías, ¿cierto? ¿Y cuántas personas de verdad van a implementarlo aun si terminan de leer el libro? Créeme, la naturaleza humana tiene una inclinación hacia la autocomplacencia. Finaliza el proceso. Gánale a la competencia. Clarifica tu mensaje. Haz crecer tu negocio. Tal vez ellos sean más talentosos que tú, pero nunca se esforzarán más que tú si no se los permites. Eso es lo único que puedes controlar.

En los próximos siete capítulos te mostraré cómo crear un mensaje claro y persuasivo que te ayudará a organizar tus pensamientos, simplificar tu *marketing* y hacer crecer tu empresa.

PARTE 2

CONSTRUYE TU STORYBRAND

Cuando te sientas confundido,
crea un guion de marca
StoryBrand

CAPÍTULO 4

UN PERSONAJE

Principio número uno de StoryBrand:
el cliente es el héroe, no tu marca.

Una historia no comienza hasta el momento en que el héroe quiere algo. Para cautivar a la audiencia, el héroe necesitará desactivar una bomba, ganarse el corazón de alguien, derrotar a un villano o luchar por su supervivencia física o emocional. Hasta que no se esclarece lo que él quiere, el espectador se queda esperando a que «empiece la historia». Una vez que el narrador define lo que desea el héroe, surge la pregunta: ¿obtendrá lo que quiere? Esta simple pregunta es lo que conduce a lo que yo llamo *tracción narrativa*.

Los guionistas deben definir la ambición del personaje alrededor de los primeros nueve minutos de una película para que se pueda plantear la pregunta general de la historia. ¿El personaje que lleva las de perder obtendrá el ascenso que desea? ¿El corredor terminará la maratón? ¿El equipo ganará el campeonato? Estas son las preguntas que pueden mantener a una audiencia atenta durante horas.

Si queremos que los clientes se sientan atraídos por nuestra marca de la misma forma en que los atrae su película favorita, nosotros también debemos definir algo que ellos quieran y nos tienen que conocer por ofrecer eso y hacerlo bien. Tan pronto como definamos qué es lo que nuestro cliente quiere, podemos plantear una serie de preguntas en su mente: *¿Es cierto que esta marca me ayudará a obtener lo que deseo? Si es así, ¿cuánto cuesta, dónde lo obtengo y qué tan pronto me lo pueden enviar?* ¿Y qué es lo que ellos necesitan hacer para responder esas preguntas? Comprar nuestro producto.

Hace poco un centro turístico de lujo nos contrató para ayudarlos a clarificar su mensaje. Al igual que muchas empresas, estaban atravesando una crisis de identidad. Su material de *marketing* mostraba imágenes de su restaurante, la recepción y los empleados. Todo se veía bien, pero a menos que su intención fuera vender sus edificios, su recepción o su equipo, no invitaban a la gente a ser parte de una historia.

En realidad, lo que más querían sus clientes era tener una experiencia lujosa y relajada. Luego de ayudarlos con StoryBrand, reemplazaron en la web los textos interminables de su historia (que los posicionaban a ellos como los héroes en vez de a sus clientes) por imágenes de una tina llena de agua caliente, toallas y batas suaves, alguien recibiendo un masaje en el spa y un clip en bucle de una mecedora en un porche con árboles de fondo balanceándose al compás del viento junto a un campo de golf.

Sustituyeron los textos de la página principal por una frase corta y potente: «Encuentra el lujo y el descanso que estás buscando». Esa se convirtió en la idea principal que definió los valores para todo el personal también. La frase se colocó en las paredes de sus oficinas, y hasta el día de hoy, si le preguntas a cualquier empleado, desde el asistente del chef hasta el jardinero, ellos te dirán que sus clientes están buscando dos objetivos: lujo y descanso. Poder definir con exactitud lo que querían sus clientes le dio claridad y un sentido de camaradería al equipo, porque finalmente entendieron su misión. Cada miembro del personal comprendió su papel en la historia a la que invitaban a sus clientes.

Una universidad con la que trabajamos definió el deseo de su cliente como «una maestría sin complicaciones que puedas cursar después del trabajo». Eso puede sonar demasiado simple, pero no te dejes engañar. Tu marca crecerá cuando las personas puedan recordar con facilidad lo que ofreces, y la realidad es que la gente no recuerda lo complejo. Una empresa de paisajismo, utilizando el humor, definió el objetivo de sus clientes como «un jardín más bonito que el de tu vecino». Una empresa de *catering* con la que trabajamos en Los Ángeles definió el deseo de sus clientes como «la experiencia de un restaurante *gourmet* ambulante en el entorno que escojas».

Cuando identificamos el deseo de nuestros clientes y lo comunicamos de forma simple, le damos definición y dirección a la historia a la que los estamos invitando.

Aquí tienes otros ejemplos de empresas con las que hemos trabajado:

Asesor financiero: «Un plan para tu jubilación»

Asociación de alumnos universitarios: «Deja un legado significativo»

Restaurante de comida *gourmet*: «Una cena que todos recordarán»

Agente de bienes raíces: «La casa de tus sueños»

Librería: «Una historia en la que perderse»

Barras de desayuno: «Una forma saludable de comenzar
tu día»

Una vez que logras ponerle nombre a eso que quieren tus
clientes, se les invita a redirigir su historia en tu dirección. Si ven
tu marca como una guía digna de confianza y creen que puedes
cumplir tu promesa, lo más seguro es que te elijan.

ABRE UNA BRECHA EN LA HISTORIA

Identificar un posible deseo que tu cliente pueda cumplir abre lo
que en términos de narración se llama una *brecha en la historia*.
La idea es colocar una grieta entre tu héroe y lo que quiere. Las
personas en el cine prestan más atención cuando hay una brecha
en la historia porque se preguntan si va a cerrarse y cómo lo hará.

Jason Bourne es un espía que tiene amnesia y nos preguntamos si alguna vez descubrirá su verdadera identidad. Luego él ave-
rigua quién es en realidad, lo que cierra esa brecha, pero después se
abre otra cuando quiere escapar de la agencia que está intentando
matarlo. Con esa brecha en juego, simultáneamente se despliega
otra más cuando conoce a una joven llamada Marie (aquí ingresa
la subtrama romántica) y cuando están juntos la brecha se resuelve
para luego descubrir otra más. Bourne y Marie tienen que huir del
país. Cuando escapan, se cierra una brecha y se abre otra. El ciclo
continúa de forma ininterrumpida para mantener la atención de
la audiencia atrapada con fuerza hasta el final.

Por ejemplo, hace poco le di una conferencia a un grupo de
vendedores minoristas de regalos. Como se acercaba el Día de
las Madres, les aconsejé que abrieran y cerraran una brecha para
impulsar las ventas. En primer lugar, les sugerí que colocaran un

letrero en la acera, fuera de la tienda, que dijera: «¿Buscas el regalo perfecto para mamá en su día? Tenemos veinte ideas por menos de cien dólares». Luego, los animé a que colocaran dentro de la tienda tarjetas numeradas en los veinte productos con esta inscripción: «Número 17, perfecto para mamá». ¿El resultado? Las tiendas reportaron un aumento significativo en la venta de todos los objetos numerados. ¿Por qué? Porque el letrero en la acera abrió una brecha en la historia y las tarjetas numeradas dentro de la tienda ofrecían cerrarla. Esta simple estrategia puede repetirse para San Valentín, Navidad, el Día de los Padres, el Día de la Independencia, Pascua, aniversarios e infinitas ocasiones. De hecho, una promoción fácil de producir como esta puede recrearse todos los meses.

Entender el poder de una brecha en una historia es entender lo que impulsa al cerebro humano hacia un deseo. Y no se trata solo de historias cinematográficas o literarias. Hasta la música clásica sigue esta fórmula de abrir y cerrar brechas. Muchas sonatas clásicas pueden dividirse en tres partes: exposición, desarrollo y recapitulación. La parte final, la recapitulación, simplemente es una versión modificada de la exposición que trae un sentimiento de resolución. Si no le encuentras sentido a eso, intenta cantar «Estrellita, ¿dónde estás?» sin cantar la última sílaba de la palabra *estás* al final de la canción. Eso te hará enloquecer.

También vemos esto llevado a la práctica en la poesía. Cuando oímos el primer verso de Lord Byron: «Ella camina en belleza, como la noche», se ha abierto una brecha en la historia. Esperamos escuchar una palabra que rime con *noche* y la cierre. Así pues, cuando llega el resto de la rima, nuestra mente logra encontrar un sentido de paz y resolución. Al menos, hasta el próximo verso.

Hasta una buena broma sigue esta fórmula. Para abrir la brecha, un hombre atropella al gato de su vecino por accidente y con mucha angustia le pide disculpas, ofreciéndose a reemplazar al animal si el vecino así lo desea. Para cerrarla, el hombre le responde: «No estoy muy seguro. ¿Usted es bueno cazando ratones?».

Las brechas en las historias no solo explican cómo y por qué prestamos atención, sino que también explican *todo* el comportamiento humano. El acto de generar una brecha funciona como una fuerza magnética que impulsa cada acción que realizamos y sin duda cada billete que gastamos. El hambre es lo que da lugar a la brecha y el almuerzo es lo que la cierra. Así mismo, un dolor de cabeza la abre y una aspirina es lo que tomamos para cerrarla. El estímulo sexual produce una brecha y la consumación del acto sexual es lo que la finaliza. Hay muy pocas acciones en la vida que no puedan explicarse con la apertura y el cierre de varias brechas narrativas.

La lección de negocios aquí es que cuando no logramos definir eso que nuestro cliente quiere, tampoco podemos abrir una brecha en su mente. Y cuando fallamos en abrir una brecha, no le estaremos dando ninguna motivación para que se comprometa con nuestra marca, pues no hay ninguna pregunta que exija una resolución. Reconocer qué es lo que nuestro cliente quiere e incluirlo en nuestros mensajes de *marketing* generará una brecha que estimulará el compromiso y la acción.

REDUCIR LA AMBICIÓN DEL CLIENTE A UN SOLO PUNTO

Un error clave que muchas organizaciones cometen al intentar definir lo que quieren sus clientes es no reducir al mínimo ese deseo y focalizarlo en un solo objetivo. He tenido infinitas conversaciones con empresarios frustrados que en este punto retrocedían y decían: «Espera, estamos proporcionando casi veintisiete cosas que nuestros clientes quieren y hablamos de todas ellas, pero las ventas siguen sin experimentar cambios».

Mi respuesta para ellos es esta: comenzaste bien, pero enumerar demasiados beneficios puede resultar contraproducente. Los seres humanos no pueden retener grandes cantidades de información nueva de una sola vez. Si quieres hacer crecer tu marca (o escribir un buen guion), define un *único deseo* que puedas cumplir y luego agrégale elementos a ese deseo puntual en el *marketing* y la comunicación posterior. El objetivo es definir un deseo específico que tus clientes tengan y que te conozcan por ayudar a la gente a cumplirlo. Si intentas abrir muchas brechas a la vez, tu audiencia no podrá entender qué es exactamente lo que ofreces.

Reducir tu oferta al mínimo puede parecerte frustrante si tus productos y servicios satisfacen muchos deseos. Sin embargo, la realidad de una marca presenta el mismo desafío ante el que muchos guionistas novatos sucumben: el héroe tiene tantas ambiciones que su deseo principal pierde importancia y la historia se vuelve confusa. Si Jason Bourne quiere saber quién es él y a la vez perder quince kilos, casarse con su amor de la secundaria, correr una maratón y quizás adoptar un gato, arruinaríamos la historia, porque el espectador tendría que quemar demasiadas calorías mentales intentando descubrir de qué se trata la trama.

Cuando crees un guion de marca o BrandScript para tu marca en términos generales, enfócate en un deseo simple que tenga tu cliente y luego, al organizar campañas para cada división, o incluso para cada producto, puedes identificar más aspiraciones de tus clientes en las subtramas de tu StoryBrand general.

El siguiente diagrama te dará una idea de cómo se ve una marca diversa utilizando la herramienta de varios guiones de marca StoryBrand.

En su máximo nivel, el desafío más importante para los empresarios es definir eso simple y relevante que quieren sus clientes y hacerse conocidos por cumplir la promesa. Todo lo demás es una trama secundaria que, después de haber hecho realidad el deseo básico de un cliente, solo servirá para deleitarlos y sorprenderlos aún más.

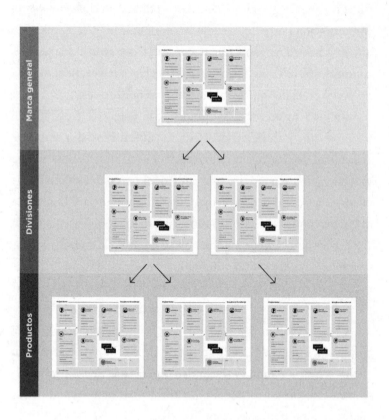

ELIGE UN DESEO RELEVANTE PARA LA SUPERVIVENCIA DEL CLIENTE

Una vez que una marca determina lo que su cliente quiere, suele cometer un segundo error: lo que ha definido no está relacionado con el sentido de supervivencia del cliente. En su intención de lanzar una red amplia que abarque la mayor superficie posible, las empresas plantean un deseo sin forma, tan confuso que los potenciales clientes no pueden comprender, para empezar, por qué necesitan la marca.

Hace poco, un experto en liderazgo me pidió que hiciera una valoración de su marca. Al revisar su material de *marketing* noté que estaba cometiendo un gran error: era impreciso al definir lo que su cliente quería. La idea detrás de su oferta es impartir conocimiento a futuros líderes. Él se veía a sí mismo como un almacén de recursos de liderazgo y quería ser el referente que ellos eligieran a la hora de alcanzar la excelencia. De hecho, su eslogan era: «Inhala conocimiento, exhala éxito».

Parece bastante claro, ¿pero lo es en realidad? ¿Qué significa «exhalar éxito»? Él estaba haciendo que sus clientes potenciales quemaran muchas calorías mentales para descubrir de qué forma podría ayudarlos a sobrevivir y prosperar.

Le recomendé que editara su mensaje, que en lugar de decir: «Inhala conocimiento, exhala éxito», simplemente dijera: «Te ayudaré a convertirte en el líder favorito de todos».

Ser el líder favorito de todos haría que el cliente se sintiera más respetado y conectado a una tribu, tendría más oportunidades sociales y laborales, y mucho más. Exhalar éxito suena bien, pero prosperar como el líder de una tribu está conectado directamente a la subsistencia. Recuerda que la gente siempre elegirá una historia que los ayude a sobrevivir y prosperar.

Por suerte, le gustó la idea, principalmente porque eso era lo que él ya estaba haciendo. Definir lo que el cliente quiere (ser un líder respetado) y conectarlo con su deseo de sobrevivir (respeto dentro de una tribu) abrió una brecha narrativa atrayente para los clientes potenciales y, por supuesto, las consultas de mentoría aumentaron.

¿Qué significa la supervivencia?

Cuando hablo de *supervivencia*, me refiero a ese deseo primitivo que todos tenemos de seguridad, salud, felicidad y fortaleza. Dicho de otro modo, es tener los recursos físicos, económicos y sociales para comer, beber, reproducirnos y defendernos de los enemigos.

Entonces, ¿qué tipo de deseos caben en esta definición? Bueno, son demasiados para mencionarlos todos, pero veamos algunos ejemplos:

Preservar los recursos financieros. Para poder sobrevivir y prosperar, tus clientes tal vez necesiten conservar sus recursos. En términos simples, esto significa que quizás precisen ahorrar dinero. Si tu marca puede ayudarlos a economizar, estás aprovechando un mecanismo de sobrevivencia. Walmart ha construido su marca bajo la promesa de precios bajos todos los días. Su lema: «Ahorra dinero. Vive mejor» [*Save money. Live better*] habla de ahorros y valores, por lo tanto, saca provecho de una función básica de supervivencia: el ahorro de recursos. ¿Esto funciona? Incluso con márgenes de ganancias increíblemente bajos, Walmart sigue siendo una de las empresas más grandes del mundo.

Obtener tiempo. En los países desarrollados, la mayoría de nuestros clientes afortunadamente ya han superado la etapa de supervivencia de cazadores-recolectores. Por lo tanto, están familiarizados con la noción de costo de oportunidad. ¿Tu servicio de limpieza puede darles a tus clientes más tiempo para invertir en otras actividades o para pasarlo con su familia? Entonces puede que se interesen. La agenda *Full Focus Planner* [Planificador de atención plena] de Michael Hyatt es uno de los sistemas de planificación diaria más exitosos de la historia y se ha ganado el respeto de millones por ofrecerles a sus usuarios el regalo invaluable del tiempo.

Crear redes sociales. Si tu marca puede ayudar a las personas a encontrar una comunidad, puedes sacar provecho de otro mecanismo de supervivencia. Pensamos que cuando les llevamos un café a nuestros compañeros de trabajo solo estamos siendo amables, pero ¿y si en realidad lo somos porque nuestro cerebro primitivo quiere establecer vínculos para formar una tribu en caso de que los malos vengan a tocar a nuestra puerta? Sumado al hecho de que los seres humanos tienen un fuerte deseo de cuidar y ser cuidados, aquí podemos sacar provecho de otro mecanismo más de supervivencia. La Coach Builder Community [Comunidad de formación de mentores] ha crecido porque les brinda a los mentores la oportunidad de construir una comunidad entre ellos, compartir las mejores prácticas y alentarse mutuamente. Lo mismo sucede en las iglesias, las ligas de deportes, las reuniones de Alcohólicos Anónimos, los grupos de niñas exploradoras y miles de ejemplos de organizaciones e instituciones que comienzan ofreciendo una comunidad.

Adquirir un estatus social. Si hablamos de supervivencia, no tiene mucha lógica que pensemos en marcas de lujo como Mercedes y Rolex, ¿verdad? De hecho, gastar mucho dinero en un auto de lujo cuando una marca más ordinaria también solucionaría el problema parece contrario a la subsistencia, ¿cierto? Sin embargo, si tenemos en cuenta la importancia del estatus social, no es así. Tener cierta posición social, en cualquier tribu, es una estrategia de supervivencia, ya que proyecta un sentido de abundancia que puede atraer a aliados poderosos, ahuyentar a posibles enemigos (al igual que un león al utilizar su rugido) y, si nos interesan las relaciones superficiales, incluso ayudarnos a conseguir una pareja. Rolex, Mercedes, Louis Vuitton y otras marcas de lujo, en realidad, venden más que autos y relojes: dan una identidad asociada al poder, el prestigio, la sofisticación y sí, también la supervivencia.

Acumular recursos. Si los productos y servicios que ofreces ayudan a la gente a ganar dinero o a acumular recursos de primera necesidad, eso rápidamente se traduce en el deseo de supervivencia de una persona. Con más dinero, nuestros clientes tendrán más oportunidades para conseguir más de los otros recursos de subsistencia que puedan necesitar. Muchos clientes de StoryBrand realizan ofertas de empresa a empresa (StoryBrand, n ir más lejos, es una empresa que brinda servicios a otras), por lo tanto, ofrecer mayor productividad, aumento de ingresos o reducción de desperdicios puede asociarse directamente con la necesidad de una empresa (o de un individuo) de sobrevivir y prosperar. Todos los asesores financieros del mundo, si son listos, venden la acumulación de recursos.

Desplegar la generosidad. Ninguno de los deseos que he mencionado es malvado en sí mismo. Todos pueden llevarse a un extremo, pero la realidad es que estamos diseñados para sobrevivir. Ahora bien, debe consolarnos el hecho de saber que casi todos los seres humanos tienen un potencial enorme para la generosidad. El ideal del sacrificio y la abnegación en realidad nos ayuda a sobrevivir (nos defiende de los enemigos, reduce las críticas externas, ayuda a adquirir confianza en nuestra tribu y otras cosas por el estilo), pero eso también influye en algo sumamente redentor: queremos que otros también sobrevivan. La mayoría de las personas ni siquiera están cerca de ser tan darwinianas en su forma de pensar como nos han hecho creer. Somos criaturas empáticas y consideradas, que con gusto nos sacrificaríamos por el bienestar de otros, muchas veces en el anonimato. La verdad es que no estamos interesados solamente en nuestra propia supervivencia, sino también en la de otros. En especial, la de aquellos que no tienen las oportunidades que nosotros podemos disfrutar. Otra cosa que vemos, sobre todo los que participamos en organizaciones sin fines de lucro, es que nuestros donantes están aumentando su propia oportunidad de sobrevivir por medio de la generosidad. ¿Por qué la NFL (Liga Nacional de Fútbol Americano) se asocia todo el tiempo con obras de caridad delicadas y amables? Porque, si bien es una marca dadivosa, son inteligentes y suavizan la imagen de un deporte violento poniendo en práctica una estrategia que ayude a la marca a sobrevivir.

Buscar sentido. Viktor Frankl tenía razón cuando cuestionó a Sigmund Freud al insinuar que el principal deseo de un hombre no es el placer sino el sentido. De hecho, en su libro *El hombre en busca de sentido*, Frankl argumentaba de modo convincente que el hombre en realidad se ve más tentado a distraerse con el placer cuando su vida no tiene sentido.[1] ¿Cómo les ofrecemos un sentido de propósito a nuestros clientes potenciales? Dándoles la oportunidad de ser generosos e invitándolos a participar de algo más grande que ellos mismos: un movimiento, una causa que defender o una valerosa batalla contra un villano real, ya sea de carne y hueso o en forma de una filosofía dañina. La marca de ropa Patagonia se ha ganado su renombre mediante su modelo altruista de negocios, ya que rechaza millones en ganancias por su compromiso con las prácticas empresariales sustentables. Su esfuerzo es un gran ejemplo de propósito por encima del dinero, lo que (con justa razón) los ha recompensado con fortaleza financiera a través de su clientela devota, quienes también quieren que la ropa que usan sea algo más que solo abrigada y moderna.

¿CUÁL ES LA PREGUNTA DE LA HISTORIA QUE ESTÁS PLANTEÁNDOLE A TU CLIENTE?

Cuando le ofrecí a mi amigo consultor ejecutivo el eslogan «Te ayudo a convertirte en el líder favorito de todos», el cerebro de sus clientes tradujo ese mensaje en varias categorías de supervivencia, incluyendo redes sociales, estatus, el deseo innato de ser generoso, la oportunidad de ganar recursos e incluso el deseo de encontrarle un sentido más profundo a la vida.

En el mundo de los negocios, si no nos comunicamos de forma clara, nos debilitamos. Cuando estamos motivando a un equipo, convenciendo a los accionistas de mantenerse comprometidos o vendiéndoles a nuestros clientes, debemos definir cuál es su deseo o de otro modo no vamos a poder abrir una brecha en la historia y la audiencia que deseamos alcanzar nos ignorará. Recuerda, los clientes quieren imaginar ese lugar increíble al que puedes llevarlos. Y si no logras identificar eso que quieren, dudo que ellos te sigan.

Imagina que tu cliente es una persona que hace autostop, un mochilero. Tú te detienes para llevarlo y la única pregunta que tiene en su mente es: *¿Hacia dónde vas?* Pero cuando él se acerca, bajas la ventanilla y comienzas a hablarle de tus objetivos, que tu abuelo construyó el auto con sus propias manos o que tu lista de reproducción para el viaje está plagada de canciones de la década de 1980. A él no le importa todo eso. Lo único que quiere es llegar a San Francisco con flores en su pelo, como dice la famosa canción.

El objetivo de nuestra marca debería ser que todo cliente potencial sepa exactamente a dónde lo vamos a llevar, ya sea a visitar un complejo lujoso donde pueda descansar, a convertirse en el líder que todos aman o a ahorrar dinero y vivir mejor. Una de mis marcas favoritas, Filson, fabrica ropa de muy buena calidad pensada para lo que llamo «vida glamorosa al aire libre». Ellos han estado en el mercado por más de cien años y el simple hecho de vestir sus camisas y pantalones me hacen sentir que retrocedí en el tiempo, al momento en que la indumentaria tenía una mejor confección. Sin embargo, cuando reflexiono sobre una marca que me lleva a sentir de esa manera, me pregunto cómo es que tengo esos pensamientos. Sin duda alguna, su ropa se ve y se siente bien, pero hay muchas marcas que compiten con ellos en calidad. ¿De dónde saqué la idea de que eran los mejores? Resulta que ellos mismos me lo dijeron: está justo allí en la etiqueta de Filson, al lado de la talla de la camisa. La frase «Mereces tener lo mejor» está impresa en la mayoría de sus productos. Son inteligentes. No des por sentado que tus clientes saben lo que ofreces, díselos, hazlo de una forma directa, simple y fácil de repetir. La única forma de que hablen de tu marca es darles las palabras exactas que deben utilizar.

Si le preguntaras aleatoriamente a un potencial cliente si sabe a dónde quiere llevarlo tu marca, ¿sería capaz de responder? ¿Podría repetirte exactamente lo que ofreces? Si no es así, entonces estás sufriendo el costo de la confusión. Sin embargo, estás a tiempo de solucionarlo. Define un deseo que tengan tus clientes y comienza a hablar de eso. Cuando lo hagas, la historia a la que los estás invitando tendrá un anzuelo nuevo y poderoso.

CLARIFICA TU MENSAJE PARA QUE TUS CLIENTES TE ESCUCHEN

- Dirígete a StoryBrand.AI y crea un guion de marca de StoryBrand o inicia sesión en tu guion existente.
- Ya sea solo o con un equipo, compartan ideas sobre los deseos que podrían tener tus clientes y que tú podrías satisfacer.
- Toma una decisión. Escoge algo que tu cliente quiera y completa el módulo «personaje» de tu guion de marca.

Un personaje

¿Qué quiere?

_____

_____

_____

- Lee el próximo capítulo y repite este proceso con la siguiente sección de tu guion de marca.

Una vez que completes el primer módulo, ya vas a estar encaminado para invitar a tus clientes a formar parte de una historia increíble. En este punto, ellos están interesados en ti y lo que ofreces. Sin embargo, ¿qué podemos hacer para que se sientan más atraídos a ser parte de la historia? ¡Avancemos hacia el próximo elemento de StoryBrand para descubrirlo!

Puedes sentirte tentado a rellenar el resto de tu guion de marca ahora mismo, pero te animo a que leas el capítulo correspondiente a cada uno de los elementos para completarlo de forma correcta. Una vez que hayas realizado tu primer guion de marca, la Parte 3 de este libro te ayudará a crear herramientas de *marketing* y comunicación simples y eficaces.

CAPÍTULO 5

TIENE UN PROBLEMA

Principio número dos de StoryBrand: Las empresas tienden a vender soluciones a problemas externos, pero los clientes compran soluciones a productos internos.

Ahora que ya has despertado la curiosidad de los clientes potenciales por tu marca, ¿cómo puedes aumentar su interés para que sea más probable que compren? Debes tomar prestada otra estrategia del manual de los contadores de historias: comienza a hablar de los inconvenientes que enfrentan tus clientes por no tener aún tus productos.

Identificar los problemas de nuestros clientes aumenta su interés en la historia a la que los invitamos porque cuando lo hacemos, abrimos aún más la brecha.

En una trama, el problema es el «gancho», el anzuelo, y si no lo señalamos, la historia se desvanecerá rápido. Si nuestro héroe no tiene un problema, la historia no cobra impulso, y en el momento en el que se resuelve el conflicto, la audiencia deja de prestar atención. La próxima vez que veas una película, ponle pausa en un momento cualquiera y te prometo que podrás identificar un problema con el que está lidiando el héroe. Lo mismo sucede en un documental. Los directores deben identificar un problema en cada parte porque si no lo hacen, el documental fracasará.

De hecho, hay un pequeño truco que siempre hago en mi casa cuando hablo de esto. Nuestro garaje también funciona como biblioteca y tiene miles de libros. Cuando digo que cada historia habla de problemas que se resuelven, le pido a alguien que vaya a la estantería y tome cualquier libro. En el momento en que lo tienen en su mano, les digo que lo abran en cualquier página y luego que coloquen su dedo índice en un párrafo al azar. Una vez que lo hacen, los invito a que se fijen de qué trata el párrafo. Siempre es de un conflicto, un dilema, un héroe que enfrenta un problema y lucha para solucionarlo. ¿Sabes qué? Nunca he fallado. ¿Por qué todas las oraciones de todas las novelas hablan de conflicto? Porque un buen escritor sabe que es la forma por excelencia de captar la atención de las personas. También es el motivo por el que todos los políticos quieren que sus votantes crean que el país se irá al infierno. Si no fuese así, ¿por qué alguien los necesitaría? Lo mismo sucede con las noticias. ¿Cuándo fue la última vez que miraste un programa informativo y viste que todo estaba perfecto? Ningún programa de noticias admitirá alguna vez que las cosas están bien, porque si lo hicieran, ¡tú saldrías a remontar un cometa con tus hijos y ellos no tendrían trabajo!

Sin duda, todo el tiempo hay problemas en el mundo, ¿pero son tan malos como los medios nos hacen creer? En absoluto. Como expresa el novelista James Scott Bell: «Los lectores quieren inquietarse».[1]

Por más cuidadosos que seamos para no manipular a las personas con medias verdades y exageraciones, quienes construimos marcas debemos aprender una o dos lecciones de los profesionales de la industria del entretenimiento (y en esta categoría incluyo a los medios de noticias de veinticuatro horas). El conflicto atrae la atención de la gente.

Si Jason Bourne recibiera una llamada a los treinta minutos de *Identidad desconocida* y del otro lado una voz amable le explicara quién es él en realidad, por qué sufrió de amnesia, y que el gobierno se disculpaba por la ofensa y le ofrecía una pensión junto con una casa en la playa, el público perdería su interés, porque el *motivo* para prestar atención ya no existiría. Si no hay conflicto en la historia, no hay brecha, y sin brecha, no hay razones para mantenernos atentos.

Vale la pena repetir que cuanto más hablamos de los problemas que enfrentan nuestros clientes, más curiosidad tendrán por nuestra marca.

Entonces, ¿cómo ponemos esta idea en práctica en nuestros mensajes? Es sencillo. Descubre qué problemas resuelven tus productos. ¿Tienes una tienda de ropa? Menciona lo difícil que es encontrar una prenda de vestir que combine con todo, lo importante que es sobresalir en la oficina o lo frustrante que resulta poder encontrar prendas bien confeccionadas. Cuando expones un problema, la gente se interesa en buscar una solución; es decir, vendes más productos.

El año pasado estuve un tiempo con un organismo del gobierno para ayudarlos a clarificar su comunicación en política exterior. No puedo dar el nombre por un acuerdo de confidencialidad, pero sí puedo contar los puntos de sus mensajes, ya que estuvieron destinados a ser públicos desde el principio. De hecho, se espera que muchas personas repitan el tema principal, por eso estoy feliz de haber hecho mi parte. Mientras pasábamos el día juntos, llenando pizarras y diapositivas con un tema de conversación tras otro, me di cuenta de la naturaleza de la amenaza contra Estados Unidos y descubrí que los «problemas» más importantes que enfrentábamos eran, como mínimo, preocupantes. La amenaza que el organismo quería que el público entendiera era esta: *Se está formando una fuerza global para otorgarle poder a los regímenes autoritarios*. Mientras estaba sentado allí, frente a la pizarra, entendí que el peligro que enfrentaba mi familia, en especial mi hija menor, era importante. Confieso que hasta que la idea no fue expresada con tanta claridad, no le había prestado mucha atención. Con la ayuda del personal del gobierno allí presente, comprendí que hay fuerzas poderosas que ponen en riesgo nuestra democracia, nuestra economía y también nuestra cultura. En resumen, la idea misma de la democracia es una amenaza al poder individual de algunos de los líderes más autoritarios de mundo. En especial, si los ciudadanos que están bajo la opresión de regímenes autoritarios ven el traspaso de poder pacífico de Estados Unidos, además de la prosperidad y la libertad económica y cultural que disfrutamos, ellos también van a querer tenerlas, y eso representa una amenaza al control absoluto que los líderes autocráticos deben mantener sobre su pueblo. A causa de esto, las democracias *deben* ser minimizadas o arrancadas de la escena mundial. Hoy en día se utilizan millones de dólares, libros llenos de mentiras, salas llenas de piratas informáticos, barcos y aviones cargados de armas en contra de Estados Unidos y otras democracias exitosas. Nuestro trabajo en ese lugar era encontrar las palabras correctas para advertirle de una manera adecuada al público estadounidense y, sin duda, funcionó conmigo.

CÓMO HABLAR DE LOS PROBLEMAS DE TUS CLIENTES

En el segundo módulo del esquema StoryBrand veremos tres elementos de un conflicto que van a aumentar el interés del cliente, incrementar la respuesta por etapas y conferirle un sentido de propósito más profundo a la historia que nuestra marca los invita a vivir.

En primer lugar, comencemos con la raíz de todo conflicto. Me refiero a uno de los personajes más dinámicos e interesantes de cualquier historia: el villano.

El villano le da al problema una causa y un enfoque

El villano es el recurso principal que utilizan los narradores para darle al conflicto un enfoque claro.

Los guionistas y novelistas saben que cuanto más fuerte, malvado y cruel sea el personaje malo, más afinidad tendremos con el héroe y mayor será el deseo de la audiencia de que derrote a su enemigo y regrese a su estado anterior de estabilidad.

¿No sentiríamos menos simpatía por Batman si no fuese por el diabólico Joker [Guasón]? ¿Hubiésemos apoyado tanto a Luke Skywalker si no fuese por la presencia de Darth Vader que lo acechaba? ¿Harry Potter no se vuelve mucho más heroico bajo la amenaza de Voldemort? ¿Y qué sería de Superman sin el peligro de la kriptonita? (Seamos sinceros, Lex Luthor no es un villano tan interesante).

Existe un motivo por el cual esto es importante en el desarrollo de tu marca: si queremos que nuestros clientes presten atención cuando hablamos de nuestros productos y servicios, debemos presentarlos como armas que pueden utilizar para derrotar al villano. Cuanto más detestables sean los malos, más urgente será su necesidad de adquirir nuestros productos.

Si vendemos un *software* para administrar el tiempo, por ejemplo, debemos denunciar a los ladrones del tiempo, esas personas que quieren robárnoslo encerrándonos en reuniones interminables en las que no se logra nada significativo o los compañeros de trabajo que se quedan cerca de la máquina de café para esperar a la siguiente víctima a la que puedan capturar y poder tener una larga conversación sobre su último hallazgo en Netflix. ¡Ese es un buen villano! Ahora que hemos identificado al malo de la historia, podemos hablar del conflicto que genera, es decir, las *distracciones*. A continuación, podemos ofrecer nuestro *software* para administrar el tiempo como un arma que acaba con esos villanos. Después de todo, tenemos que regresar a nuestra sesión de «trabajo duro sin interrupciones». Los ladrones de tiempo pueden representarse como francotiradores escondidos en el bosque que nos disparan cuando menos lo esperamos. Sin embargo, cuando utilizas nuestro nuevo sistema, aprendes a decir que no a encuentros y reuniones infructuosas, lo cual te mantiene fuera del bosque desde un comienzo. Suena un poco dramático, ¿verdad? Pero las distracciones son lo que está ahogando el potencial de nuestros clientes, destruyendo la calidad de su tiempo en familia, robándoles la salud mental y costándoles cantidades enormes de dinero y tiempo. Los ladrones de tiempo son una gran representación de los villanos y las distracciones que nuestro producto ayuda a evitar. No tengas miedo de agregar un poco de drama a tu mensaje, en especial si es verdadero.

Lo cierto es que en el mundo existen amenazas reales. Si tu cliente no estuviera atravesando un momento de dolor o frustración al relacionarse con tu marca, ni siquiera te hubiese buscado de alguna manera. Debes tomar sus frustraciones en serio. Ya sea que hablemos del colesterol que bloquea las arterias, la inflación que se traga el dinero o la ansiedad que nos impide dormir, seríamos muy ingenuos al suponer que la calidad de vida de nuestros clientes no está bajo amenaza. Y si nuestros productos pueden protegerlos, podemos y debemos identificar a los villanos para lograr captar su atención.

Ahora que mencioné cuál es la técnica para identificar a los villanos en los desafíos de nuestros clientes, reconocerás este método de comunicación que se utiliza en los comerciales de televisión todo el tiempo. ¿Quién diría que esas pelusas de polvo que se acumulan en los rodapiés de nuestra casa se mueven en pandillas criminales que visten chaquetas de cuero y tienen la tarea diabólica de tramar un plan para arruinar nuestros pisos? Ah, pero eso es así hasta que conocen a su rival: la nueva mopa de la empresa ACME.

Los anunciantes personifican a los villanos que enfrentan sus clientes para capturar su imaginación y darles un foco hacia el que dirigir sus frustraciones. ¿Bolas de pelo con voz chillona que viven en el desagüe de tu baño, hacen nidos y tapan las cañerías? ¿Placas amarillas que habitan, respiran, hablan y están de vacaciones entre tus dientes? Esos son ejemplos de versiones personificadas de un conflicto. Esos son los villanos.

A continuación encontrarás cuatro características que te servirán para crear a un buen villano en tu guion de marca de StoryBrand:

1. **El villano debe ser la causa de un problema.** Es decir, los impuestos altos no son el ejemplo de un villano, sino lo que él nos hace experimentar. Más bien, el gobierno en crisis es un buen ejemplo de villano que nos cobra

todo ese dinero de impuestos solo con el fin de recaudar salarios y provocar guerras culturales para ser reelectos y continuar su importante tarea de no hacer nada.

2. **El villano debe ser alguien con quien podamos relacionarnos.** Cuando la gente nos oiga hablar del villano, deben reconocerlo de inmediato como algo que desprecian.

3. **El villano debe ser singular.** Un solo villano es suficiente. Una historia con demasiados de ellos fracasa por falta de claridad.

4. **El villano debe ser real.** Nunca tomes el camino de sembrar el terror. Hay muchos villanos reales para combatir. Vayamos tras ellos por el bien de nuestros clientes.

5. **Algo más: el villano no tiene que ser serio.** Si estás ideando la comunicación para la próxima serie de tu equipo de béisbol, personificar a tu oponente como el villano es una buena estrategia de *marketing*. Convertir a tu oponente en el villano llenará las gradas de cualquier estadio y aumentará las ganas del público de ir a animar a su equipo.

¿Existe un villano en la historia de tus clientes? Por supuesto que sí. ¿Cuál es la principal fuente de conflicto que tus productos y servicios ayudan a derrotar? Debes hablar de ese villano. Cuanto más lo hagas, más personas querrán una herramienta que los ayude a escapar de sus garras mortales.

Más adelante, cuando crees tu guion de marca, voy a pedirte que menciones ideas sobre la clase de villano que enfrenta tu cliente, pero ahora veamos detenidamente los tipos de conflicto que causa. Una vez que entendamos los tres niveles de problemas con los que lidian los clientes, tendremos una mejor idea de cómo podemos hablar de ellos de tal forma que se sientan atraídos.

Los tres niveles de conflicto

El villano es el antagonista porque le causa grandes problemas al héroe. Eso es obvio. No obstante, lo que no resulta tan obvio es que en una historia hay tres niveles de problemas que se combinan para aumentar la urgencia y atraer a la audiencia cada vez más.

Los problemas que enfrentan los héroes (y los clientes) son de tres niveles:

Problemas externos

Problemas internos

Problemas filosóficos

En una historia, un villano genera un problema externo que hace que el personaje luche con una frustración interna, lo que es incorrecto filosóficamente. Estos son los mismos niveles de problemas que espera resolver un cliente cuando compra un producto.

Sé que suena complicado, pero observemos cada uno de estos niveles más de cerca de modo que podamos saber con exactitud cómo hablar de cada frustración para que resulte lo más interesante posible.

PROBLEMAS EXTERNOS

En la literatura, la tarea del villano es sembrar el caos para el héroe, poner barreras entre este y la estabilidad que desea. Pero las intenciones malvadas no son suficientes. Esta barrera debe estar representada por algo, es decir, por alguna *cosa* (o cosas). Y allí entra en escena el problema externo.

En las historias, el problema externo suele ser algo físico y tangible que el héroe debe vencer para salir victorioso. El problema puede manifestarse como una bomba a punto de explotar, un autobús fuera de control o incluso una combinación de ambas cosas: ¡una bomba en un autobús que va a explotar si Keanu Reeves no mantiene la velocidad por encima de ochenta kilómetros por hora!

El problema externo es como un partido de fútbol entre el héroe y el villano, donde cada uno intenta mantener el control para poder ganar el juego.

Para Billy Beane en la película *El juego de la fortuna*, el problema externo es la necesidad de ganar partidos de béisbol, y para Matthew Broderick en *Juegos de guerra* es un *software* malicioso que ha tomado control del sistema informático del gobierno estadounidense y está librando una guerra mortal contra los soviéticos.

Sin embargo, ¿qué tiene que ver la existencia de un problema externo en una historia con la gestión de marca o *branding*? Bueno, la mayoría de nosotros nos dedicamos a solucionar problemas externos, ya sea vendiendo seguros, ropa o balones de fútbol. Si tenemos un restaurante, el problema externo que resolvemos es el hambre. El problema externo al que se enfrenta un plomero puede ser una tubería con fugas, del mismo modo que alguien que se dedica al control de plagas debe resolver el problema de las termitas en el ático.

Realizar una lluvia de ideas para identificar los problemas externos que resuelves va a ser lo más sencillo de crear tu guion de marca de StoryBrand. Suele ser algo evidente, pero no es correcto pensar que el motivo por el que la gente te llama, cruza tu puerta o visita tu página web es solo porque necesita resolver un problema externo. Está sucediendo algo más.

PROBLEMAS INTERNOS

Si limitamos nuestros mensajes de *marketing* solo a los problemas externos, nos olvidamos de una regla que nos cuesta miles y tal vez millones de dólares: *las empresas tienden a vender soluciones a problemas externos, pero la gente compra soluciones a problemas internos.*

El propósito de un problema externo en una historia en realidad es manifestar uno interno. Si escribiera una película sobre un sujeto que solo necesitara desarmar una bomba, la audiencia perdería su interés. Entonces, lo que hacen los escritores y guionistas es apelar a la frustración en la vida del héroe.

En la película *El juego de la fortuna*, por ejemplo, Billy Beane fracasó en su carrera de jugador y eso le sembró mucha incertidumbre con respecto a su capacidad de tener éxito como gerente general. En *La guerra de las galaxias*, el tío de Luke Skywalker le dijo que era muy joven para unirse a la Alianza Rebelde, por eso dudó de su capacidad incluso hasta el final.

En casi todas las historias el héroe batalla contra la misma duda: *¿Tengo lo que se necesita?* Esta pregunta puede hacerlo sentir frustrado, incompetente y confundido. Esta emoción es lo que hace que una madre de clase media pueda encontrarse identificada con una película de béisbol o que un conductor de camiones se identifique con una comedia romántica.

Las historias nos enseñan que el deseo interno de las personas de resolver una frustración es mucho más motivador que solo resolver un problema externo.

Aquí es donde muchas marcas cometen un error fundamental. Si damos por sentado que nuestros clientes solo quieren resolver los problemas externos, no lograremos combatir esa frustración profunda que sienten. Por ejemplo, si te dedicas al cuidado de niños, el problema externo es que los niños necesitan una niñera, ¿pero cómo se sienten tus potenciales clientes frente a esta necesidad? ¿Desamparados? ¿Desesperados? ¿Cansados? ¿Agobiados? Esos son los problemas internos que tienen, y cuanto más hables de ellos, más personas querrán contratar tus servicios para poder resolver esas frustraciones. Si nos preguntamos: «*¿Cómo se sienten nuestros clientes con este problema?*», nos resultará más fácil pensar en ideas para textos que puedan mejorar nuestros esfuerzos de *marketing*.

Luego de casi colapsar, Apple no encontró su lugar hasta que Steve Jobs entendió que las personas se sentían intimidadas por las computadoras (problema interno) y necesitaban una interacción más amigable con la tecnología. En una de las campañas publicitarias más poderosas de la historia, Apple mostró a un personaje simple, moderno y divertido que solo quería tomar fotos, escuchar música y escribir libros, acompañado de un fan de la tecnología no tan en la onda, que solo quería hablar del funcionamiento interno de su sistema operativo. La campaña posicionó a Apple Computers como la empresa a la que recurrir si querías disfrutar la vida y expresarte, pero te sentías excluido de toda la perorata tecnológica. En esta misma campaña, Apple comenzó a vender más que equipos: vendía una solución al problema de la intimidación de sus clientes. Uno de los motivos por el que la marca tuvo un crecimiento rápido y creó fanáticos apasionados fue porque comprendió este problema interno.

La única razón por la que nuestros clientes nos compran es porque, de alguna manera, su problema externo los hace sentir insatisfechos. Si logramos identificar esa frustración, ponerla en palabras y ofrecer una solución para ella y para el problema externo original, no solo les venderemos nuestros productos, sino que crearemos lazos por habernos involucrado a fondo con su narrativa.

Por ejemplo, si tenemos un negocio que ofrece servicios de pintura para casas, el problema externo de nuestros clientes puede ser una casa deslucida. Sin embargo, el problema interno puede ser un sentimiento de vergüenza por tener la casa más antiestética de la cuadra. Al entender esto, nuestro mensaje podría ofrecer «una pintura que será la envidia de tus vecinos».

Uno de nuestros clientes, Stephen Boice, hace poco incorporó más mensajes internos a su sitio web y vio un crecimiento en su negocio al cambiar algunas palabras. Stephen y su esposa son dueños de Vitality Aesthetics, un centro de cuidado facial y dermatológico en Florida, Estados Unidos, que ofrece más de treinta tratamientos diferentes para ayudar a sus clientes a verse mejor. El encabezado de su sitio antes era: «Tu belleza natural», y mostraba la imagen de una mujer atractiva recibiendo el tratamiento de un esteticista. Si bien el sitio web se veía genial y el negocio estaba firme, le pedí a David que intentara algo apenas diferente: agregar la palabra *recupera* a su encabezado. En otras palabras, que en lugar de decir: «Tu belleza natural», dijera: «Recupera tu belleza natural», pues sabemos que a medida que envejecemos y pasamos más tiempo al sol, perdemos nuestro aspecto juvenil un poco más rápido de lo que deberíamos. Al identificar ese *sentimiento* del cliente de que ha perdido algo, David estaría aprovechando una frustración interna. También le pedí que incluyera una lista de precios con todos los tratamientos que ofrece, pero solo a cambio de una dirección de correo electrónico. Una vez que un potencial cliente descargara la lista, pasaría a ser un cliente calificado e interesado. Por lo tanto, le dije que enviara treinta mensajes durante treinta semanas contando cómo se sintieron treinta clientes por separado luego de probar cada uno de sus productos. Al crear una campaña automatizada por correo electrónico partiendo desde las frustraciones internas de sus clientes y contando cómo se sintieron libres de ellas, David comenzó a hacer crecer su negocio otra vez. A medida que pasa el tiempo, la publicidad digital se vuelve aún más costosa y menos efectiva. Por lo tanto, una forma cada vez más importante de generar participación es agregar eslóganes o frases cortas a nuestros mensajes que hagan una referencia directa a los problemas internos de nuestros clientes.

¿Qué frustraciones resuelven nuestros productos?

Hace poco, la empresa de alquiler de vehículos National se ganó mi preferencia al entender mi frustración interna. Solía rentarle autos a una empresa que me sacaba de quicio. Cuando me bajo de un avión, por lo general no tengo ganas de charlas triviales. Sin embargo, el personal de esa empresa tenía la política de darles conversación a sus clientes. Hasta utilizaban un guion. Primero me preguntaban si estaba en la ciudad por trabajo o placer, luego por el clima que había en el lugar de donde venía y otras cosas por el estilo. Escuché este guion tantas veces que comencé a divertirme ganándoles de antemano con sus propios temas de conversación. Muchas veces me adelantaba y le preguntaba al empleado: «¿Va a disfrutar un poco de tiempo libre mientras está en la ciudad?». Ellos me miraban confundidos, porque les había robado su texto.

No obstante, un día estaba mirando televisión en mi casa y apareció un comercial de National Car Rental en el que se veía a un sujeto caminando hacia la oficina de alquiler sin hablar con nadie. El personaje expresó que odiaba tener que forzar una conversación con los vendedores y que prefería dirigirse directamente a su coche. Cambié de empresa de inmediato y he sido feliz desde entonces.

Hablando de empresas de vehículos, CarMax es una cadena de concesionarios de autos usados que apunta todos los cañones de su material de *marketing* al problema interno que un cliente vive cuando busca un vehículo usado, que es el miedo y la frustración de tener que interactuar con un vendedor.

Si alguna vez has entrado a una agencia de autos usados, sabes qué se siente. Es como estar en una disputa con un luchador profesional de sumo.

Como saben que sus clientes no quieren regatear precios con un posible estafador, la estrategia de CarMax es apuntar a aliviar tu temor a que te mientan, te engañen o te den una paliza cuando compres un coche. Para eso, tienen un marco de acuerdo con sus clientes que les asegura que el precio del automóvil es el que pagarán y que sus vendedores no son remunerados con comisiones variables basadas en las ventas. También resaltan sus certificaciones de calidad y procesos de inspección que te aseguran que cada vehículo que venden es confiable.[2]

El problema externo que resuelve CarMax es la necesidad de un coche, por supuesto, pero casi no promocionan sus autos en absoluto. En cambio, el departamento de *marketing*, de forma muy inteligente, se enfocó en los problemas internos de sus clientes, y al hacerlo entró en una de las industrias menos confiables de los Estados Unidos y creó un fenómeno de quince mil millones de dólares.[3]

Del mismo modo, Starbucks explotó no solo ofreciéndoles una taza de café a sus clientes, sino proporcionándoles un ambiente cómodo y sofisticado en el que puedan relajarse y conectarse. Cuando alguien entra a Starbucks, se siente bien consigo mismo. Los estadounidenses pasaron de reunirse en cafeterías y bares a relajarse en una tienda de café de estilo italiano. Al resolver los problemas internos de sus clientes, Starbucks dio paso a una nueva industria en Estados Unidos, y siguiendo su ejemplo, aparecieron miles de cafeterías de estilo europeo en casi todas las localidades del país.

Starbucks entendió cómo querían sentirse sus clientes, por eso tomó un producto por el que todos acostumbraban a pagar cincuenta centavos (o a disfrutarlo casi gratis en su casa o el trabajo) y pudo cobrarlo a cuatro o cinco dólares por taza. Sus clientes están dispuestos a pagar más por su café porque sienten más valor con cada taza.

Entender los problemas internos y hablar de ellos es más importante que idear mejores anuncios. Presentar nuestros productos como una solución tanto a problemas externos como internos aumenta el valor percibido de esos productos (y yo diría también que el valor real). En otras palabras, cuando resuelves el problema interno de alguien, puedes cobrar más.

Más adelante voy a guiarte en un ejercicio de aportar ideas para ayudarte a identificar algunos problemas internos de tus clientes, pero antes observemos un tercer tipo de problema. Este tercer nivel puede hacer que la historia que escribas no solo sea interesante, sino absolutamente apasionante. Agregar un problema filosófico es uno de los motivos principales por los que una historia gana el Oscar a la Mejor Película y mantendrá a tu audiencia en el borde de sus asientos. Un buen problema filosófico puede ayudarte a convertir a clientes desinteresados en fanáticos de tu marca.

PROBLEMAS FILOSÓFICOS

Agregar un problema filosófico crea más profundidad y sentido en una historia y suele ser el motivo por el que la misma resuena y se convierte en favorita. Este tipo de problema ayuda a quienes se involucran en la historia a entender por qué es importante en la narrativa épica general de la humanidad.

¿Por qué Tommy Boy debe salvar la empresa de su papá? Yo te lo diré: porque la gente que intenta derribar a Tommy Boy son unos ladrones mentirosos. Esta es una comedia sobre honestidad, familia, integridad y esfuerzo frente al engaño, la codicia y el fraude.

¿Por qué Hamlet debe vengar la muerte de su padre? Porque su tío se está saliendo con la suya en cuanto al asesinato.

¿Por qué Bridget Jones debe encontrar el amor? Porque la belleza y el valor de cada persona merecen ser reconocidos y apreciados por los demás.

Se puede hablar mejor de un problema filosófico utilizando términos como *debería* o *no debería*. Por ejemplo: «La gente mala no debería ganar» o «Las personas deberían ser tratadas con justicia».

En la película *El discurso del rey*, el problema externo es la tartamudez del rey Jorge, la cual manifiesta un problema interno: su baja autoestima y su sentimiento de ineptitud para llevar la corona. Él simplemente no cree tener lo que se necesita para liderar a su país. Sin embargo, filosóficamente, lo que está en juego es mucho mayor que todo eso. Debido a que el rey debe unir a su pueblo para enfrentar a los nazis, la historia adopta el tenor filosófico de la lucha entre el bien y el mal.

¿Cuál es el mensaje más profundo?

El motivo por el que el problema filosófico interpela tanto a la gente es que los seres humanos queremos ser parte de una historia mayor que nosotros mismos. Cuando una historia representa a una causa (o habla de ella), traspasa la pantalla o la página y moviliza a la gente para que la defienda, lo cual le confiere mucha más importancia a la historia en sí. Del mismo modo, las marcas que les dan a sus clientes una voz en una narrativa más amplia agregan valor a sus productos al brindarles un sentido más profundo de propósito a sus propias historias.

Después de crear su guion de marca, una empresa de consultoría global con la que colabora mi equipo comenzó a hablar de que todos merecen trabajar para un gran gerente. El dueño de una tienda de mascotas que acudió a nosotros colgó un letrero en su escaparate que decía: «Las mascotas también se merecen comer saludable». Un agente de viajes amante de la diversión adoptó la frase: «Porque este verano debe ser recordado para siempre».

Antes de que la música fuera digital, Tower Records promocionó sus historias utilizando el eslogan: «Sin música, no hay vida». Esa frase no solo hizo que se facturaran más de mil millones de dólares en discos cada año, sino que vendieron miles de calcomanías para coches y camisetas con este eslogan a los fanáticos que querían asociarse a la creencia filosófica de que la música es importante para la vida.

¿Tu marca contribuye con una causa mayor? ¿Es posible que tus productos se presenten como herramientas que tus clientes puedan utilizar para abogar por algo que no debería existir? Si es así, debemos incluir algunas de estas propuestas filosóficas en nuestros mensajes.

La promesa de la marca perfecta

Si de veras queremos satisfacer a nuestros clientes y crear fanáticos de nuestra marca, debemos ofrecer mucho más que productos y servicios; debemos proporcionar soluciones a problemas externos, internos y filosóficos cada vez que interactúan con nuestro negocio.

Los escritores utilizan esta fórmula para ganarse el cariño y satisfacer a sus lectores todo el tiempo. La estrategia es resolver el problema externo, interno y filosófico del héroe en una sola escena bien escrita. Al final de la exitosa película *La guerra de las galaxias: Una nueva esperanza*, cuando Luke Skywalker lanza el torpedo de fotones a través del pequeño puerto de escape en la nave del Imperio, la Estrella de la Muerte, él resuelve el problema externo de destruir la nave, el problema interno de la inseguridad que sentía en cuanto a ser un Jedi, y el problema filosófico del bien contra el mal. Cuando los tres niveles de conflicto se resuelven al mismo tiempo, la audiencia siente tres niveles de alivio y la película se vuelve un fenómeno que genera infinitas secuelas, series derivadas y todo un nuevo universo en el parque temático de Hollywood Studios de Disney.

A la escena culminante también se la llama escena «obligatoria», porque al abrir una brecha externa, interna y filosófica al principio de la película, los guionistas están obligados a cerrar los tres niveles de conflicto al final de la historia. Esta idea es importante para aquellos que estamos construyendo una marca. Si queremos que nuestros productos tengan éxito en el mercado, deben resolver un problema, aliviar un sentimiento y, si es posible, contribuir a una especie de agenda orientada a la justicia. Luego, tras la compra, nuestra solución tiene que cumplir las tres promesas. Si logramos esto (y utilizamos palabras claras para explicar cómo lo hicimos), los clientes se van a enamorar de nuestros productos y nuestra marca.

Si de verdad queremos que nuestro negocio crezca, deberíamos presentar nuestros productos como la solución a los tres niveles de conflicto y colocar inmediatamente el botón de «Comprar ahora» como la acción que un cliente debe llevar a cabo para cerrar la brecha que hemos abierto en su mente.

Observemos cómo algunas marcas conocidas han posicionado sus productos como la solución a los tres tipos de problemas: externo, interno y filosófico.

VEHÍCULOS TESLA MOTORS:

Villano: Tecnología inferior y devoradora de gasolina.

Externo: Necesito un coche mejor.

Interno: Quiero ser uno de los primeros en adoptar esta nueva tecnología.

Filosófico: Mi elección de vehículo debe ayudar a salvar el medioambiente y a la vez funcionar mejor.

MÁQUINAS DE CAFÉ NESPRESSO HOGAREÑAS:

Villano: Las máquinas que hacen un café malo.

Externo: Quiero un café en casa que tenga mejor sabor.

Interno: Quiero que mi máquina de café me haga sentir sofisticado.

Filosófico: No tendría que ser un especialista en la preparación de café para hacer un café de alta calidad en mi casa.

PLANIFICACIÓN FINANCIERA EDWARD JONES:

Villano: Agencias financieras que no escuchan a sus clientes.

Externo: Necesito ayuda para invertir.

Interno: No sé cómo hacerlo (en especial con todos los recursos tecnológicos que hay ahora).

Filosófico: Si voy a invertir mi dinero, merezco un asesor que me explique bien las complejidades financieras en persona.

¿QUÉ DESAFÍOS DE TUS CLIENTES LES AYUDAS A VENCER?

Identificar a un villano que está generando un problema externo, interno y filosófico puede parecer desalentador, pero lo lograrás si te comprometes a resolverlo en una sesión de lluvia de ideas. No obstante, asegúrate de no convertirlo en algo complicado. Muchos de nuestros clientes quieren incluir a tres villanos, siete problemas externos, cuatro internos y demás. Pero como ya mencioné antes, las historias claras son las mejores. Si vamos a crear frases memorables, tendremos que tomar decisiones.

¿Hay un único villano al que tu marca le hace frente? ¿Qué problema externo está causando ese villano? ¿Cómo se siente tu cliente por ese problema externo? ¿Por qué es injusto que la gente tenga que sufrir en manos de ese villano?

Estas son las cuatro preguntas que queremos responder en la sección de problemas de nuestro guion de marca de StoryBrand. Cuando lo hagamos, la historia de nuestra marca tomará forma porque nuestro héroe, el cliente que quiere algo, enfrentará un desafío. ¿Ganará? ¿Se resolverán sus problemas?

Tal vez. Lo importante es que tendrán que interactuar con nuestra marca para descubrirlo.

CLARIFICA TU MENSAJE PARA QUE LOS CLIENTES TE ESCUCHEN

- Dirígete a StoryBrand.AI y crea un guion de marca de StoryBrand o inicia sesión en tu guion existente.
- Ya sea solo o con un equipo, propongan ideas de todos los villanos literales y metafóricos que tu marca deba enfrentar.
- Expongan ideas acerca de los problemas externos que resuelve tu marca. ¿Hay alguno que represente a la mayor cantidad de productos?
- Compartan ideas sobre los problemas internos que tus clientes sienten que tengan relación con tu marca (frustraciones o dudas). ¿Hay alguno que se destaque por ser una experiencia universal para toda tu clientela?
- ¿Tu marca es parte de una historia más grande e importante? ¿Existe algún mal filosófico contra el que tu marca lucha?
- Una vez que termine tu sesión de lluvia de ideas, toma las cuatro decisiones del guion de marca de StoryBrand que te permitirán crear frases para el segundo elemento.

Tiene un problema

Villano
_____
_____

Externo
_____
_____

Interno
_____
_____

Filosófico
_____
_____

CAPÍTULO 6

Y CONOCE A UN GUÍA

Principio número tres de StoryBrand:
Los clientes no buscan otro
héroe, buscan un guía.

Shakespeare tenía razón: la vida de una persona está compuesta por muchos actos. Sin embargo, como escritor de libros, prefiero ver esos actos como capítulos. Si haces un balance de tu vida mirando hacia atrás, es probable que también los reconozcas. Está el capítulo de una infancia con pocos recursos, aquel en el que comenzaste a entender que podías soñar en grande, el que hablaba de la importancia de la familia y las relaciones, otro en el que te diste cuenta de que dar es más gratificante que recibir y muchos más. En nuestra madurez se produce una evolución, y al mirar atrás, descubrimos que es una evolución hermosa. Creo que uno de los milagros más grandes de la vida es el hecho de que podamos transformarnos.

No hay dos vidas iguales, pero tenemos capítulos en común. Todo ser humano está embarcado en un viaje de transformación.

Es fácil reconocer esos capítulos por sus acontecimientos, o por lo que el escritor y erudito en historias James Scott Bell llama «puertas de no retorno».[1] Uno de ellos puede haber sido el divorcio de nuestros padres, nuestro primer amor adolescente, el rechazo de alguien que amábamos, o pasar al estrellato por la imitación perfecta del *moonwalk* de Michael Jackson cuando una multitud nos rodeaba en el baile escolar de la secundaria.

En las historias, los acontecimientos señalan el comienzo y el final de nuestros capítulos, pero si nos acercamos un poco para mirar, veremos algo más o, mejor dicho, a alguien más.

Los acontecimientos que definen nuestros capítulos suelen ser instigados o interpretados por personajes místicos que nos ayudan en el camino. Los expertos en narración tienen muchos nombres para estos personajes, como hechiceros, mentores o ayudantes. Yo elijo llamarlos *guías*: aquellos personajes que llegan a nuestra vida y nos ayudan a enfrentar los desafíos para que podamos superarlos y transformarnos en nuestra mejor versión.

En su libro *The Seven Basic Plots* [Las siete tramas básicas], Christopher Booker describe la forma de presentar a un guía en la historia:

> Un héroe o heroína cae bajo el influjo de un oscuro hechizo que lo termina sometiendo a un estado invernal, una especie de muerte en vida: una prisión física o espiritual, un sueño profundo, una enfermedad u otro tipo de encantamiento. Durante mucho tiempo languidece en esa condición congelada. Entonces ocurre un acto milagroso de redención enfocado en una figura particular que ayuda al héroe o la heroína a liberarse de esa prisión. Y desde las profundidades más oscuras emerge a la luz gloriosa.[2]

TODO HÉROE BUSCA UN GUÍA

Nuestros primeros guías aparecen en nuestra vida de manera temprana. Ellos son nuestros padres, que nos amaron más que a su propia vida, se sacrificaron por nosotros y nos instruyeron en las formas del mundo. Nos enseñaron el lenguaje, la pertenencia, la conexión y las primeras palabras, letras y números. Nos leyeron historias de personajes que enfrentaban problemas, pero eran valientes. Más tarde, muchos de nuestros maestros o entrenadores desempeñaron el papel de guía al ayudarnos a entender la importancia del esfuerzo y a creer que podemos lograr mucho más de lo que pensábamos. Para muchos de nosotros, los guías también fueron los poetas que leímos, los líderes que nos dieron una voz en las salas del poder, los psicólogos que nos ayudaron a darles sentido a nuestros desafíos para resolverlos, y hasta las marcas que nos dieron el valor y las herramientas para vencerlos.

Los guías son importantes en las historias porque son significativos también en la vida. Todo ser humano entiende que la sabiduría necesaria para hacerse camino en la vida se hereda, que ningún humano puede descubrirla por sí solo. Si el héroe de una historia resuelve su problema solo, a la audiencia le resultará algo inverosímil. ¿Por qué? Porque de manera intuitiva sabemos que, si alguien pudiera resolver sus propios problemas, para empezar ni siquiera los hubiera tenido. Entonces, los narradores usan el personaje del guía para motivar al héroe y brindarle todo lo necesario con el fin de alcanzar el éxito.

Los guías aparecen en casi todas las historias que has leído, escuchado o visto: Gandalf ayudó a Frodo, Haymitch guio a Katniss, el sabio Yoda le mostró a Luke Skywalker el camino del Jedi. A Hamlet lo guio el fantasma de su padre y Julieta fue quien le enseñó a Romeo los caminos del amor.

Los seres humanos nos despertamos cada mañana sintiéndonos los héroes de nuestra propia historia y nos afligen los conflictos externos, internos y filosóficos que sabemos que no podemos resolver por nuestra propia cuenta. Por esta razón, todos buscamos guías. Sin duda, nos sentimos inspirados por las historias de otros héroes que vencen grandes desafíos, pero cuando comienzan los conflictos en nuestra propia vida, lo que en realidad precisamos no es otro héroe, sino un guía.

El error fatal que cometen muchas marcas, en especial las jóvenes que creen que tienen que demostrar su valor, es colocarse en el lugar del héroe de la historia y no en el del guía. Como ya mencioné antes, una marca que se cree heroína está destinada a perder.

El error fatal

Las repercusiones de posicionar a nuestra marca como el héroe pueden ser fatales. Consideremos el caso del lanzamiento de Tidal, una plataforma de reproducción de música. ¿Nunca la has oído nombrar? Es por una razón. El rapero Jay-Z fundó la empresa con la enorme inversión personal de cincuenta y seis millones de dólares y la misión de «hacer que todos vuelvan a respetar la música».[3] En vez de estar bajo la propiedad de alguna discográfica o compañías de tecnología, Tidal sería de los músicos, permitiéndoles a ellos eliminar a los intermediarios y llevar sus productos directamente al mercado. Como resultado, los artistas podrían obtener más beneficios de las ganancias.

Puede que parezca una buena idea de negocio (y lo era), pero Jay-Z se equivocó al posicionarse a sí mismo y a los otros artistas como los héroes. Él vio una injusticia en el mundo de la música con justa razón: no se les pagaba a los artistas por sus propias obras. En cambio, los sellos discográficos se llevaban el dinero. Sin embargo, al darles a los músicos públicamente el lugar de héroes que luchan por una causa, se le olvidó que ellos no eran los clientes, sino el público que ama la música. Después de todo, ¿los artistas se iban a comprar la música unos a otros? No. En el esquema StoryBrand, el cliente siempre debe ser el héroe y la marca siempre debe ser el guía.

En los meses anteriores al lanzamiento de Tidal, Jay-Z reclutó a dieciséis músicos reconocidos que acordaron lanzar contenido exclusivo en su plataforma a cambio de un porcentaje de las acciones. En su campaña multimillonaria, los artistas se pusieron hombro a hombro en una conferencia de prensa para explicar su misión. Como era de esperar, aquí es donde todo se desmoronó.

Si Jay-Z, que es un genio en otros aspectos, solo hubiese entendido las reglas milenarias de una historia, tal vez no hubiese entrado a ese campo minado.

«El agua no se cobra», bromeó Jay-Z. «La música se cobra a seis dólares la canción, pero nadie quiere pagarlos», continuó de forma un poco confusa. «Deberías poder beber agua del grifo de manera gratuita. Eso es algo fabuloso. Y si quieres oír las canciones más bellas, entonces debes apoyar al artista».[4]

Las redes sociales, en especial X, destrozaron a Jay-Z y a Tidal. Miles le recomendaron que consultara a la gente que paga sus facturas para que se diera cuenta de que en realidad el agua no es gratuita. De un día para el otro, un artista que construyó su carrera hablando en nombre del pueblo sonaba como si creyera que tenía privilegios. Al público le indignó escuchar a un puñado de músicos famosos y multimillonarios haciéndolos sentir culpables tan solo para cobrar más por su música. El error crucial fue que Jay-Z no pudo responder la única pregunta presente en el subconsciente de cada cliente-héroe: *¿Cómo vas a ayudarme a tener* *éxito?* Tidal existía para ayudar a los artistas a triunfar, pero no a los clientes, por eso su lanzamiento fracasó. La verdadera tragedia es que tanto el producto como la causa eran justos (el derecho de un artista a que le paguen por su obra). Por cierto, yo me suscribí, pero no porque defiendo los derechos de los artistas, sino porque el servicio contiene mejores descargas que hacen que la música suene mucho, mucho mejor.

¿Cómo debería Jay-Z haber posicionado a Tidal? Desde mi punto de vista, tendría que haber colocado a las plataformas existentes en el lugar de los villanos, porque están reduciendo la calidad del sonido que los artistas crearon y quitándoles a los amantes de la música la posibilidad de tener una mejor experiencia. Los artistas podrían haber hablado todo el tiempo de que la música que hacen es para sus fanáticos y que, a través de Tidal, el público al fin podría oírla tal como ellos querían que la escucharan, de la forma en que fue creada. La idea principal de la campaña podría haber sido «Música tal como deberías escucharla» y podría haberse repetido en todas las formas de comunicación y *marketing*, así hubiera corrido la voz de lo que diferenciaba a Tidal de otras plataformas.

En resumen, cualquier mensaje que pueda enmarcarse como una contribución al movimiento «poder para el pueblo» va a triunfar por sobre un mensaje que se defina como «poder para los poderosos» en un intento de recaudar dinero. Seguramente la estrategia de «poder para los poderosos» nunca fue la idea de Jay-Z, pero debemos tener cuidado en cómo perciben los clientes-héroes nuestro rol. Si nuestros fanáticos no creen que estemos haciendo negocios completamente para ellos, se pasarán a otra marca.

De hecho, mi interés en el servicio de Tidal no surgió al oír que los artistas estaban haciéndolo para proteger sus propios cheques, sino que me registré cuando descubrí que podías escuchar música en línea con una calidad de sonido que igualaba al vinilo. En otras palabras, cuando entendí que estaban ayudándome, triunfó el cliente-héroe y compré el producto.

Jay-Z vendió sus acciones mayoritarias por trescientos cincuenta millones de dólares, así que en definitiva no perdió, pero el servicio debería haberse vendido por miles de millones. En esta historia podemos encontrar una lección para todos nosotros: ponerte en el lugar del héroe devalúa tu oferta. De hecho, sería una gran jugada del capital privado comprar marcas con productos excelentes que, por error, se posicionaron como los héroes de la historia. Cualquiera que esté a la caza de un negocio puede buscar a aquellos que cometieron el «error del héroe», comprar la empresa a bajo costo, cambiarle el mensaje (y la cultura) para que la marca tome el lugar del guía y luego ver un aumento predecible, tanto en las ganancias como en el valor general de la empresa.

Si no posicionas a tu cliente como el héroe y a tu marca como el guía, tendrás problemas para sobrevivir. El héroe *siempre* es el que pone su dinero para hacer una compra, *nunca* es el que fabrica el producto. Si recuerdas eso, es más probable que tu comunicación y tu estrategia de negocios sean las correctas.

El punto aquí es simple: el día en que dejemos de perder el sueño por nuestros problemas y comencemos a preocuparnos por los problemas de nuestros clientes nuestro negocio se transformará en una marca que todos amen.

Ponerte en el lugar del héroe te hace ver débil

¿Por qué nunca debemos ponernos en el lugar del héroe? Porque en las historias, los héroes son débiles. Si intentamos posicionar a nuestra marca como héroe porque ellos son fuertes, hábiles y el centro de atención, debemos repensar la naturaleza de un héroe.

En una historia, el héroe nunca es el personaje más fuerte. Ellos con frecuencia no están bien preparados, tienen baja autoestima, son inseguros de sí mismos, dudan de tener lo que se necesita para hacer la tarea y son reticentes a la acción. Es como si los empujaran a ser parte de la historia en vez de tomar la iniciativa de enfrentar sus desafíos por voluntad propia. De hecho, desde mi punto de vista, en una historia el héroe debe ser el segundo personaje más débil después de la víctima. Por otro lado, el guía «ya está de vuelta» y ya ha vencido antes el desafío que enfrenta el héroe en su propia historia. Haymitch ya había ganado los juegos del hambre y Yoda ya se había transformado en un Jedi. Quizás en un momento fue débil, pero ahora el guía tiene las características y habilidades que el héroe debe alcanzar para obtener la victoria.

El guía es el personaje de la historia que tiene la fortaleza y la autoridad necesarias para ayudar al héroe a ganar. Sin embargo, en realidad la historia no es sobre el guía, aunque el papel que desempeña es importante. La historia siempre debe enfocarse en el héroe, y si un escritor (o un empresario) lo olvida, el público estará confundido, no sabrá de qué trata la historia y perderá interés. De hecho, mi esposa y yo el año pasado fuimos al cine a ver una película y nos decepcionamos un poco cuando aparecieron los créditos. Sentimos una especie de disonancia cognitiva, algo que ocurre cuando un guionista no logró hacer bien su trabajo. ¿Qué estaba mal en el guion? El guía sufrió una transformación. Es decir, había un héroe que enfrentaba un desafío importante, y en lugar de que el guía solo estuviera al servicio de su historia, el guionista pensó que le daría una mayor profundidad a la película si el guía también tenía una pequeña transformación y experimentaba un poco de desconcierto y dudas sobre sí mismo. Esto resultó contraproducente. ¿Por qué? Porque la audiencia no podía descifrar quién era el héroe y quién el guía. Este último *debe* ser fuerte y sabio. Debe tener confianza en sí mismo, para que de ese modo el foco solo esté en el héroe y su transformación. Si los dos experimentan una transformación, ¿de quién demonios se trata la historia?

Esta idea de que el guía debe ser fuerte y competente se demuestra a la perfección en *Mary Poppins*, una película de Walt Disney que es exitosa hasta el día de hoy. En la adaptación de la serie de ocho libros de P. L. Travers con el mismo nombre, Mary Poppins es la guía. El padre, George Banks, en realidad es el héroe de la historia, quien se transforma de un hombre insensible, distraído y duro en un padre dulce, cariñoso y atento al final. Sin embargo, es Mary Poppins la que guía a toda la familia a recordar con alegría la magia de la infancia e instruye a los niños y al padre para que sean atentos, compasivos, correctos y educados. Ella logra esta proeza por medio de sus lecciones de sabiduría y su perspectiva, todo desde un lugar de completa autoridad. De hecho, en una de las primeras escenas de la película, Mary utiliza una cinta de medir para calcular el enorme abismo existente entre la necesidad de desarrollo de los niños y su propia autoridad como guía. Mientras extiende la cinta hasta la altura de los niños, ella revela que uno es «demasiado caprichoso y desconfiado» y la otra «de risitas innecesarias y poco meticulosa». Sin embargo, cuando Mary Poppins se mide a sí misma, la cinta mágica la describe como «prácticamente perfecta en todos los sentidos».

En una escena controvertida, casi al final de la película, el héroe, George Banks, la confronta pidiéndole explicaciones por lo sucedido. Ella se queda mirando desde arriba de las escaleras al héroe desconcertado y le responde que Mary Poppins no le da explicaciones a nadie.

En la historia general de la vida, hay guías y héroes por todas partes. Claro que no estoy sugiriendo que tú, como marca, nunca debas ofrecer explicaciones, pero deberíamos aprender algunas cosas de Mary Poppins. Como guías, es fundamental que seamos competentes y fuertes. El héroe cuenta con que nosotros sabemos más que él y tenemos una solución a su problema más grande. Entonces, el guía debe vivir al servicio del héroe, y en caso de no ser competente, es un inepto. Imagina a un candidato a presidente que proclame: «Siempre quise ser presidente, pero nunca creí realmente en mí, ni sé bien lo que estoy haciendo, pero si votan por mí haré todo lo posible por descubrirlo». Este candidato generaría interés y se diferenciaría del resto, pero en el momento decisivo, obtendría muy pocos votos. Cuando buscamos un líder, disfrutamos que haya tenido una historia de transformación, pero también que actualmente demuestre su competencia.

Dicho esto, la arrogancia nunca resulta provechosa para nadie y a fin de cuentas es una señal de debilidad y un mecanismo de defensa. Mary Poppins está segura de su filosofía, su plan y su misión —que es transformar a la familia en una unión saludable y funcional bajo la dirección de un patriarca dedicado y compasivo— pero no aparece en la historia para ayudarse a sí misma o lograr su propia transformación, sino para servir a la familia. El problema de la familia Banks siempre fue el padre, y al final de la historia este problema se resuelve.

La idea de que el guía debe servir al héroe también funciona en los negocios, en la política e incluso en tu propia familia. Las personas buscan un guía que los ayude, no otro héroe.

Quienes entienden que la historia épica de la vida no es sobre ellos mismos, sino sobre las personas que los rodean, al final acaban ganando. Tal vez suene contrario al sentido común, pero es una realidad. De hecho, los líderes que creen que la historia de la vida solo habla de ellos, tal vez consigan un éxito transitorio, pero en general van a pasar a la historia como villanos. Si escribes una historia que hable de ti, saldrás perdiendo.

LAS DOS CARACTERÍSTICAS DE UN GUÍA

En StoryBrand hemos visto miles de negocios que experimentaron crecimiento en la interacción con sus clientes una vez que dejaron de posicionarse como héroes y tomaron el lugar del guía. Después de filtrar su mensaje con el esquema StoryBrand, miles de empresarios han entendido que sus sitios web, envíos masivos de correos electrónicos, anuncios digitales, comerciales de televisión e incluso sus minipresentaciones estaban mal orientados. Sin embargo, si reducimos el enfoque y lo colocamos claramente sobre el cliente y nosotros asumimos el papel del guía para ofrecerle una solución a su problema, la forma en que hablemos de negocios va a cambiar por completo.

Entonces, ¿qué tenemos que hacer para que nuestros clientes nos reconozcan como el guía en su vida? Debemos demostrar dos características: empatía y competencia.

Cuando Luke Skywalker conoce a Yoda, encuentra al guía perfecto. Luke no está preparado para la tarea que tiene por delante y Yoda es ese personaje adorable que con empatía entiende su dilema. Claro que esta empatía no serviría de mucho si no fuese por la competencia de Yoda como Jedi. Él entiende el problema del héroe y tiene las habilidades que Luke debe desarrollar si aspira a ganar.

El guía debe tener esta combinación exacta de empatía y competencia para hacer que tanto el héroe como la historia triunfen. Estas son las características que buscan los héroes, y cuando las perciben, saben que han encontrado a su guía.

El poder increíble de la empatía

En 1992, cuando Bill Clinton expresó la frase que se haría famosa: «Siento tu dolor», no solo aseguró su victoria contra George H. W. Bush en una elección presidencial reñida, sino que también se posicionó como el guía en la historia de los votantes estadounidenses. De hecho, muchos expertos creen que Clinton ganó las elecciones durante un debate público en el que Bush le dio una respuesta muy vaga a una joven que preguntó qué significaba la deuda nacional para el ciudadano común. Clinton contrarrestó la respuesta lineal e intelectual de Bush preguntándole a la mujer si conocía a alguien que hubiera perdido su trabajo. También le preguntó si le dolía tener amigos desempleados y cuando la mujer le dijo que sí, él comenzó a explicarle cómo la deuda nacional está ligada al bienestar de todos los estadounidenses, incluso al de ella y sus amigos.[5] Eso es empatía. ¿Qué sintió el público? Sintió competencia de parte de Bush, pero empatía y competencia de parte de Clinton. ¿A Bush le importaba? Claro que sí, pero si no utilizamos las frases correctas para expresar nuestro interés, el oyente no percibe esa conexión. Como me dijo un mentor una vez: «No hagas que la gente tenga que leerte la mente».

Cuando empatizamos con el problema de nuestros clientes, creamos un vínculo de confianza. Creemos en aquellos que nos hacen sentir comprendidos, así como también en las marcas que nos entienden.

Oprah Winfrey, la exitosa guía indiscutible de millones de personas, una vez explicó que las tres cosas que todo individuo necesita son ser visto, escuchado y comprendido. Esa es la esencia de la empatía.

Las declaraciones empáticas suelen comenzar con estas palabras: «Entendemos cómo se siente...», «Nadie debería pasar por esto...», «Al igual que tú, esto nos frustra...» o, como dice el comercial que invita a los usuarios de Toyota al centro local de servicios, «Nos importa tu Toyota».

Expresar empatía no es tan difícil. Una vez que hemos identificado los problemas internos de nuestros clientes, solo necesitamos decirles que los comprendemos y deseamos ayudarlos a encontrar una solución. Analiza tu material de *marketing* y asegúrate de haber expresado que te interesas por ellos. Repito, los clientes no sabrán que te importan si no se los dices.

¿ERES COMO YO?

Ahora bien, la empatía no solo es decir frases sentimentales. La verdadera empatía implica hacerles saber a los clientes que nos preocupamos por ellos de igual manera que por nosotros mismos. Las personas buscan marcas con las que tengan algo en común. Recuerda que al cerebro humano le gusta conservar las calorías, por eso, cuando los clientes ven que tienen mucho en común con una marca, reemplazan toda disonancia cognitiva por confianza. En esencia, cuando resaltamos los aspectos de nosotros mismos o nuestra marca que tenemos en común con el cliente, este agrupa su pensamiento, es decir, piensa en «bloques» más que en términos de detalles. Cuando hablo de «pensar en bloques» me refiero a lo que explicaré a continuación. Anoche mi esposa y yo fuimos a una cena en la que nos sentamos junto a una pareja que no conocíamos. A medida que comenzamos a hablar, noté cómo los humanos de forma instintiva buscamos cosas en común. Cuando mi esposa descubrió que la pareja había crecido en Luisiana, hubo una conexión inmediata, ya que ella es de la costa norte del lago Pontchartrain. En el momento en que los seres humanos se encuentran, buscan lugares, personas o experiencias que hayan compartido; de esa forma aumenta el sentimiento de que hay un entendimiento mutuo de la vida y en cierta manera sentimos que es seguro hablar con esa persona. Por eso, encontrar cosas con común (ya sea el gusto musical, los valores o las etapas de la vida) y hablar de ellas es una herramienta de *marketing* muy poderosa.

Una vez, mientras aconsejaba a un político, le expliqué que incluso si estamos en una habitación llena de gente completamente diferente a nosotros, debemos encontrar una experiencia en común y enfocarnos en ella, en especial si necesitamos expresar desacuerdo. Por ejemplo: *Al igual que tú, me preocupa mucho el costo de los cuidados de salud, pero también me inquieta la incompetencia del gobierno para manejar nuestro sistema sanitario. En mi opinión, la medicina estatal desincentiva la innovación, lo cual en última instancia puede hacer que empeore de forma radical el cuidado de los pacientes e incluso se acorte la longevidad. Tú y yo somos iguales porque creemos que los estadounidenses pagamos mucho por muy poco en cuanto a los servicios de salud, pero si las personas prácticas como nosotros unimos nuestras ideas, podemos encontrar una solución. Tienes razón en pensar que este es un problema que debe abordarse. Sin dudas, estamos de acuerdo en eso.*

La clave aquí es que tu marca y tu cliente son parecidos, comparten experiencias y una perspectiva de la vida. Hace poco Discover Card recurrió al poder de la empatía en una campaña televisiva en la que muestra a personas que llaman al servicio de atención al cliente de Discover y terminan hablando con una réplica exacta de sí mismos. A medida que hablan, los clientes se dan cuenta de que tienen todo en común con su empresa de tarjeta de crédito; de hecho, son exactamente iguales. ¿Cuál es el mensaje? Discover Card te cuidará de la misma manera que cuidas de ti mismo. Te entendemos. Te conocemos.

La necesidad de competencia

En la primera edición de este libro, mencioné que las dos características de un guía eran empatía y autoridad, pero el término *autoridad* no me convencía por completo. Después de todo, a nadie le agrada un sabelotodo y nadie quiere que lo sermoneen. Entonces, una palabra mejor sería *competencia*. Como guía, no tienes que ser perfecto, pero sí es fundamental que seas competente en tu campo de especialización. Esto es primordial. Por eso Mary Poppins se mantuvo firme en su confianza en sí misma como guía. Si hubiera puesto en duda su superioridad en lo que respecta a su competencia para influir de forma positiva en el futuro de un niño, la película hubiera tenido dos héroes y ningún guía, y así se hubiera arruinado el guion. Ser competente es importante, y si lo eres, no pierdas el tiempo con autocríticas. Tu héroe no solo necesita un amigo, sino que necesita uno que sea útil.

Imagina que entras a la oficina de un nutricionista por primera vez con la determinación de ponerte en forma como nunca en tu vida.

«Me gustaría perder quince kilos», tal vez le digas. «He luchado contra esto por mucho tiempo, pero estoy listo».

¿Cómo te sentirías si el profesional, después de oír tu objetivo, te observara, suspirara, se pellizcara la grasa que sobresale de su cintura y dijera: «Yo también»?

En ese preciso momento te darías cuenta de que has elegido al nutricionista equivocado.

El guía debe saber lo que hace y tener experiencia en ayudar a otros héroes a tener éxito. ¿No crees que el programa de televisión de Gordon Ramsay se arruinaría si, en vez de ser un chef y propietario conocedor y experto, él confesara con timidez que no sabe nada sobre arreglar un restaurante, pero está deseando aprender *con* su cliente desesperado?

En este punto del camino, muchos lectores se preguntan cómo pueden demostrar su propia competencia sin jactarse como si fueran los héroes. Esa es una buena reflexión. La verdad es que puedes hablar de ti todo lo que quieras. Ser el guía no significa que te quedes callado y seas humilde. De hecho, verás que Mary Poppins tiene mucho más tiempo en pantalla que George Banks, aunque la historia sea en gran parte sobre la transformación de él. Sin embargo, la clave para desempeñar este papel de una manera equilibrada es contar solo las partes de tu historia que expresen la idea de que te interesas por tu cliente y eres competente para ayudarlo.

Cuando los clientes visitan nuestros sitios web, ven nuestros comerciales o leen nuestros mensajes, solo quieren sentir en su subconsciente la confianza de que tenemos lo necesario para ayudarlos. Y para ello nuestra propia historia puede ser útil. Hace poco cené con Mary y Madison Lee, que dirigen una línea de cuidados de la piel llamada Nēmah. La historia del origen de Nēmah es un gran ejemplo de cómo contar la parte de la historia que coloque a la marca como el guía. En resumen, Mary no lograba encontrar una línea de cuidados de la piel en la que pudiera confiar durante el embarazo de su primer hijo. Resulta que muchos productos no son seguros para las embarazadas y en especial son nocivos para el desarrollo del bebé. Entonces, ella y su esposo crearon la línea de productos Nēmah en la que se utilizan solo ingredientes que son inocuos y saludables para que las madres tuvieran una marca en la que pudieran confiar. Ellos se valieron de la preocupación que tienen en común todas las madres y hablaron desde su propia experiencia (empatía) y de los descubrimientos científicos de su investigación (competencia). Así fue como construyeron una marca sumamente exitosa al posicionarse como héroes que estuvieron en problemas en el pasado, pero ahora son guías empáticos y competentes para ayudar a otros héroes a triunfar.

Hay cinco formas sencillas de evidenciar tu competencia en el *marketing* y la comunicación.

1. **Testimonios:** Deja que otros hablen por ti. Si tienes clientes satisfechos, pon algunos testimonios en tu sitio web para darles a los potenciales clientes el regalo de no ser los primeros. De este modo, conocen a otros como ellos que han comprado tus productos y les fue bien. No necesitas demasiados testimonios, solo unos pocos que sean breves y hablen directamente de cómo *tu* producto les solucionó *su* problema. Tres es un buen número para comenzar y servirá para asegurarte de que otros clientes sepan que tienes experiencia en lo que haces. También, evita los testimonios que no sean claros o te elogien demasiado. No se necesita mucho para que un cliente confíe en ti, así que procura que el testimonio sea breve, porque si es muy largo, no lo leerán. La mayoría de los clientes solo les dan un vistazo a los sitios web. Por lo tanto, cuanto más cortas sean las frases, más van a involucrarse y a recordarlas.

2. **Estadísticas:** ¿A cuántos clientes satisfechos has ayudado? ¿Cuánto dinero les has permitido ahorrar? Todo lo

que necesitan tus potenciales clientes es una declaración simple como la de la plataforma de *marketing* por correo electrónico Keap: «Más de ciento veinticinco mil usuarios confían en nuestro *software* de automatización galardonado».[6] La evidencia numérica satisface la necesidad de ese consumidor que tiene un pensamiento analítico, ama los números, las estadísticas y los datos.

3. **Premios:** Si has ganado algún galardón por tu trabajo, puedes incluir los logos o la información acerca de ellos al final de tu página. No es que sean necesarios, pero si los tienes, está bien presumirlos un poco. Los premios acortan el camino para ganarte la confianza de tus clientes, incluso aunque no los conozcan.

4. **Menciones en la prensa:** Si alguna vez has aparecido en la prensa, simplemente puedes indicar: «Destacado por» y el logotipo del medio que lo presentó. También puedes añadir recomendaciones de la prensa o de alguna persona de influencia como una prueba social que demuestre tu competencia.

5. **Logos:** Si provees servicios a otras empresas, coloca en tu material de *marketing* los logos de las compañías conocidas con las que hayas trabajado. Los clientes quieren saber que has ayudado a otros a vencer los mismos retos que ellos enfrentan. Cuando reconocen otro negocio con el que has trabajado, eso les brinda una prueba social de que tienes la capacidad de ayudarlos a triunfar.

Tómate un minuto para analizar tu material de *marketing* y pregúntate si muestra evidencia de tu competencia. Recuerda que no tienes que fanfarronear. Los testimonios, logos, premios, menciones en la prensa y estadísticas van a permitirles a los clientes marcar en sus mentes el casillero de «confianza» con relación a tus productos o servicios. Tus clientes se hacen preguntas como: «¿Esta marca sabe lo que hace? ¿Valdrá la pena invertir mi tiempo y dinero en ella? ¿De veras pueden ayudarme a resolver mi problema?».

CÓMO CAUSAR UNA EXCELENTE PRIMERA IMPRESIÓN

Cuando la gente conoce tu marca, es como si le estuvieran presentando a una persona. Se preguntan si van a llevarse bien, si podrás ayudarlos a vivir mejor, si quieren asociar su identidad con tu marca y, por último, si pueden confiar en ti.

La profesora de Harvard en Administración de Empresas, Amy Cuddy, ha pasado más de quince años estudiando cómo los líderes empresariales pueden causar una primera impresión positiva. Cuddy sintetizó su investigación en dos preguntas que la gente hace de forma inconsciente cuando conoce a alguien nuevo: «¿Puedo confiar en esta persona?» y «¿Puedo respetarla?». En su libro *Presencia*, ella explica que los seres humanos valoramos tanto la confianza, que una persona comienza a pensar en conocernos más solo cuando ya logramos ganarnos su confianza.[7]

Cuando expresamos empatía, ayudamos a nuestros clientes a responder la primera pregunta de Cuddy: «¿Puedo confiar en esta persona?». Si presentamos evidencia de nuestra competencia, los ayudamos a responder la segunda: «¿Puedo respetarla?».

Las mismas dos características que nos ayudan a causar una primera impresión positiva en una fiesta también funcionan para hacer que nuestra marca cause una primera buena impresión en los potenciales clientes.

Si expresamos empatía y demostramos que somos competentes, podemos posicionar a nuestra marca como el guía que nuestro cliente está buscando. Esto hará una gran diferencia en la forma en que nos recuerden y nos entiendan, y al final estarán dispuestos a relacionarse con nuestros productos y servicios.

Sin embargo, aunque les agrademos a nuestros clientes y confíen en nosotros, eso no significa que van a efectuar una compra. Todavía hay un abismo entre la confianza de un cliente y su decisión de invertir su dinero, que tanto le cuesta conseguir, en lo que tú le ofreces. ¿Qué buscan a continuación? En el próximo capítulo hablaremos de un aspecto importante en el proceso de compra.

Por ahora, piensa en distintas formas en las que puedes posicionarte como el guía en la vida de tus clientes por medio de la empatía y la evidencia de que eres competente.

CLARIFICA TU MENSAJE PARA QUE LOS CLIENTES TE ESCUCHEN

- Dirígete a StoryBrand.AI y crea un guion de marca de StoryBrand o inicia sesión en tu guion existente.
- Ya sea solo o con un equipo, compartan ideas de frases empáticas que puedes decir para que tus clientes sepan que te interesas por sus problemas internos.
- Piensa en todas las formas en que puedes demostrar tu competencia: busca posibles testimonios, estadísticas, premios

que hayas ganado, menciones en la prensa o logos de otras empresas que hayas ayudado.

- Una vez que termines con la lluvia de ideas, toma las dos decisiones del guion de marca que te permitirán completar la sección tres.

Y conoce a un guía

Empatía

_____

_____

Competencia

_____

_____

CAPÍTULO 7

QUE LE DA UN PLAN

Principio número cuatro de StoryBrand:
Los clientes confían en un guía que les da
un plan en forma de pequeños pasos.

En este punto de la aventura de nuestro cliente ya hemos identificado algo que quiere, lo que inició la historia. Luego demostramos que entendíamos sus desafíos y temores más profundos, lo que abrió una brecha en la historia que los atrajo hasta nuestra marca. Después, nos presentamos como los guías al mostrar empatía y dar evidencia de nuestra competencia, lo que ayudó a establecer la confianza. Sin embargo, aun con todo esto, es probable que el cliente todavía no realice un pedido. Algunos lo hacen en este punto, pero un gran porcentaje está buscando algo más.

Si nos hemos posicionado como el guía, puede ser que nuestros clientes quieran saber más y se sientan ilusionados con la ayuda que podamos brindarles. Pero tener esperanza en nuestra capacidad de ayudarlos y asumir el compromiso de invertir su dinero son dos cosas diferentes. Básicamente, cuando un cliente hace una compra está diciendo: «Creo que puedes ayudarme a resolver mi problema, y lo creo tanto que estoy dispuesto a arriesgarme y a desprenderme del dinero que gané con tanto esfuerzo».

Los compromisos son complicados para el cliente porque tan pronto como los hace, corre el riesgo de perder su dinero. No obstante, más que su dinero, también está en juego su tiempo y su identidad como una persona que decide hacer compras inteligentes. La mayoría no va a probar suerte todavía.

Cuando un cliente está indeciso en cuanto a comprar o no comprar algo, deberíamos imaginarlo como si estuviera parado a la orilla de un arroyo grande y caudaloso. Es cierto que quiere lo que está al otro lado del arroyo, pero mientras está allí parado, oye una cascada corriente abajo. ¿Qué sucede si se cae en el arroyo? ¿Cómo se vería su vida si se despeñara por esa cascada? Estas son algunas de las preguntas que su subconsciente se plantea mientras el puntero de su ratón da vueltas alrededor del botón «Comprar ahora». *¿Y si no resulta? ¿Y si soy un tonto por comprar esto? ¿Cuánto tardará en funcionar? ¿Y si lo compro y nunca lo uso?*

También se hace otra pregunta: *¿Cómo hago para llegar desde donde estoy a incorporar este nuevo producto en mi vida?* Después de todo, la vida de tu cliente, por más inestable que sea, le resulta familiar. Y el cambio es difícil. Por lo tanto, instalar una nueva aplicación, cambiar la pasta dental, vivir con una nueva agenda, conducir hasta un lugar por primera vez, cambiar de banco, o modificar su rutina de desayuno o de suplementos vitamínicos pueden presentar todo un misterio con respecto a lo distinta que será la vida de ahí en adelante, y tal vez eso no es algo con lo que quieran lidiar mañana.

Durante años deseé tener un rastreador de actividad física portátil llamado Whoop (por muchos años, de verdad). Mis amigos me habían hablado muy bien de él y sabía que me ayudaría, pero en mi subconsciente tenía esa disonancia cognitiva sobre si debería tenerlo enchufado todo el tiempo, descargar una aplicación nueva en el teléfono, ingresar mi tarjeta de crédito o utilizarlo al dormir. Así que solo lo postergaba. Un día ingresé a su página web, vi una instrucción simple de tres pasos para usarlo y al fin lo compré. A decir verdad, me tomó solo tres minutos configurarlo y comenzar a usarlo. Pensar que me pasé años sin tenerlo porque, bueno, incorporar un hábito nuevo crea ciertos conflictos internos que no tenía ganas de enfrentar. Esa historia puede parecer tonta, pero te aseguro que hay miles de personas que «perciben» esta disonancia cognitiva con tus productos o servicios, y si no les muestras pasos simples que puedan dar para pasar con facilidad del desconocimiento al conocimiento, es probable que no inviertan su dinero en tu marca.

La disonancia cognitiva aparece en el comportamiento de tus clientes en forma de indecisión e indiferencia. Básicamente están pensando: *Tengo este problema que necesito resolver, pero probablemente pueda vivir con él un poco más, así que trataré de encontrar la solución mañana o al día siguiente.* De forma metafórica, tu cliente se encuentra del lado incorrecto del arroyo, pero la orilla está seca, ¿por qué se está preguntando entonces cómo cruzar? Para reducir sus preocupaciones y aliviar su disonancia cognitiva, necesitamos colocar algunas piedras grandes en ese arroyo caudaloso. Cuando identificamos las piedras sobre las que pueden pisar para cruzar, quitamos gran parte de esa sensación de riesgo y los hacemos sentir más cómodos con la idea de hacer la compra. Es como decirles: «Primero pisa aquí. ¿Ves? Es fácil. Luego pisa aquí, después aquí y cuando te quieras acordar ya estarás del otro lado con tu problema resuelto».

En el esquema StoryBrand, les llamamos a estos pequeños pasos un *plan*.

Una vez, mientras asesoraba a una marca nacional de colchones, les pedí a los agentes de venta que le dieran al cliente un plan de tres pasos justo antes de tomar su pedido. En lugar de decir: «¿Va a llevar este colchón?», el vendedor debía decir: «El proceso de compra consta solo de tres pasos: elige un colchón, se lo enviamos y, si lo desea, retiramos su colchón viejo para que no tenga que preocuparse de cómo deshacerse de él. Este producto parece perfecto para usted. ¿Quisiera hacer una compra?». No es de sorprender que cuando los vendedores incluyeron ese plan simple de tres pasos en el proceso, las ventas aumentaron. ¿Por qué? Porque la disonancia cognitiva había desaparecido antes de que se les pidiera a los clientes el dinero.

Cuando un cliente dice: «Déjeme pensarlo» o «Luego me comunico», lo que expresa en realidad es que tiene alguna disonancia cognitiva y necesita un poco más de tiempo para tomar la decisión de comprar. Por supuesto que nadie lo acompaña a su casa para responder preguntas y aliviar su conflicto, por eso nunca llega a hacer una compra. Dicho sea de paso, no creo que el cliente no quiera hacer ese pedido, tal vez sí lo desea, pero mientras siga teniendo ese conflicto interno, no va a poder concretarlo. Por lo tanto, debemos quitarle ese peso desde la primera conversación, correo electrónico, sitio web o aun desde que lee el texto que anuncia el producto.

Incluso en las historias, el guía es el que suele darle un plan al héroe. Por ejemplo, en la película *El juego de la fortuna*, Peter Brand (el guía) le da un plan a Billy Beane (el héroe) que puede poner en práctica para transformar a su equipo de béisbol. En una serie de pasos, Billy comenzará a utilizar un algoritmo para elegir jugadores en lugar de confiar en la casuística, como solían hacer sus antiguos entrenadores. En esta nueva forma de gestión, Billy comenzará a confiar en los números y a dirigir al equipo como lo haría un administrador con sus fondos. Primer paso: confiar en los números. Segundo paso: cambiar la costumbre del entrenador. Tercer paso: ganar partidos.

En *La guerra de las galaxias: Una nueva esperanza*, se le dice a Luke Skywalker que vaya con su avión de caza Ala-X a la trinchera en la Estrella de la Muerte, que dispare un torpedo de fotones a través de una pequeña válvula de escape y que luego salga de allí antes de que explote la nave. En otras palabras, le dieron un plan de tres pasos.

En casi todas las películas que se te puedan ocurrir, es el guía quien le da un plan al héroe. El plan es el puente que el héroe debe cruzar para llegar a la escena decisiva. Rocky tiene que entrenar utilizando métodos poco tradicionales, Tommy Boy tiene que embarcarse en un viaje nacional de ventas y Julieta debe beber la poción que le da el boticario con el fin de hacerle creer a su familia que había muerto y ser libre para escaparse con Romeo.

Un plan sirve a la narrativa porque reduce el foco de la trama. Y además, de forma bastante pragmática, le da al héroe algo que hacer para ocupar los veinte minutos restantes del segundo acto.

EL PLAN ANIMA A LOS
CLIENTES A AVANZAR

En el mundo empresarial el plan puede tener muchas formas, pero todos los planes efectivos logran dos objetivos: clarifican cómo será hacer negocios con nosotros y quitan esa sensación de riesgo que puede aparecer antes de comprometerse con nuestro producto o servicio.

¿Recuerdas el mantra: «Si confundes, pierdes»? Si no tienes un plan, te garantizo que generarás una disonancia cognitiva.

Luego de que los potenciales clientes visiten nuestro sitio web, nos escuchen dar un discurso o lean un mensaje que enviamos, todos se preguntarán lo mismo: *¿Cuál sería el próximo paso si quisiera avanzar?* Si no los guiamos con claridad hacia los siguientes pasos, estarán un poco confundidos, y como escuchan la cascada que suena cerca, utilizan esa confusión como excusa para no hacer negocios con nosotros.

Comunicar nuestra oferta con claridad no es suficiente para motivar a nuestro cliente en este punto. Si vendemos un sistema de almacenamiento que se pueda instalar en un garaje, darán vueltas sobre ese botón de «Comprar ahora» porque en su subconsciente se preguntan si funcionará para ellos, si será difícil instalarlo y si quedará en la caja sin abrir, como el último producto que compraron. Sin embargo, cuando mencionamos lo fácil que es montarlo y les comunicamos que pueden comenzar con tres pasos sencillos, es más probable que lo adquieran.

En especial, si vendes estantes de garaje, puedes decirles:

1. Mide el espacio.

2. Pide los artículos que quepan en el lugar que tienes disponible.
3. Instálalo en minutos con las herramientas básicas.

Aunque los pasos parezcan obvios para quienes fabrican el producto, para el cliente no lo son. Colocar piedras en el arroyo aumenta bastante las posibilidades de que pueda cruzar.

EL PLAN DE PROCESO

En StoryBrand hemos identificado dos planes para animar a tus clientes a hacer negocios contigo de forma eficaz. El primero, y el que recomendamos a todos poner en práctica, es el plan de proceso.

Este tipo de plan describe los pasos que alguien debe dar para comprar nuestro producto o para ponerlo en funcionamiento después de adquirirlo, o también puede ser una mezcla de ambos.

Por ejemplo, si vendes un producto costoso de servicios, puedes dividir los pasos así:

1. Agenda una cita.
2. Permítenos crear un plan personalizado.
3. Pongámoslo en práctica juntos.

No importa si vendemos un servicio financiero, un procedimiento médico, educación universitaria o cualquier otra solución complicada, un plan así quita la confusión del camino al dividir el proceso en pasos pequeños.

Otra tipo de plan de proceso sería el plan de proceso posventa. Este sirve más para cuando a nuestros clientes les cuesta imaginar cómo utilizarían nuestros productos después de comprarlos. Por ejemplo, para un *software* de computación complicado, deberíamos explicar los pasos o incluso las fases que un cliente debería realizar luego de comprarlo:

1. Descarga el *software*.
2. Integra tu base de datos al nuevo sistema.
3. Revoluciona la interacción con tus clientes.

Este plan de proceso posventa funciona igual que un plan de proceso previo a la compra porque alivia la confusión. Cuando un cliente solo se fija en lo difícil que será poder adaptarse a un producto complicado, es menos probable que realice una compra. Sin embargo, cuando leen tu plan, piensan: *Oh, puedo hacerlo, no es tan difícil*, y luego hacen clic en «Comprar ahora».

Un plan de proceso también puede combinar pasos previos y posteriores a la compra. Por ejemplo:

1. Prueba un coche.
2. Cómpralo.
3. Disfruta del servicio de mantenimiento gratis de por vida.

Como ya mencioné, la clave para el éxito de *cualquier* plan es aliviar la confusión que generan las próximas etapas. ¿Qué pasos deben dar los clientes para hacer negocios contigo? Explícalos y será como pavimentar un camino en el medio del campo. Más personas podrán atravesarlo.

A menudo nos plantean preguntas sobre la cantidad de pasos que debería tener este plan de proceso. La respuesta puede variar, por supuesto, pero recomendamos al menos tres y no más de seis.

Si para hacer negocios contigo se necesitan más de seis pasos, puedes dividirlos en etapas y describirlas. En realidad, tal vez debas dar veinte o treinta pasos, pero los estudios demuestran que cuando bombardeas a la persona con información, las ventas disminuyen.

Recuerda que el fin de crear un plan es disipar la confusión de los compradores. Tener más de cuatro pasos, en verdad aumenta la confusión en vez de reducirla. La clave es hacer su camino más fácil para que haya más probabilidades de que hagan negocios contigo.

EL PLAN DE ACUERDO

Si los planes de proceso existen para aliviar la confusión, los planes de acuerdo son para aliviar los temores.

Un plan de acuerdo se entiende mejor como una lista de acuerdos que haces con tus clientes para ayudarlos a vencer su temor en torno a hacer negocios contigo.

Anteriormente te hablé de CarMax y cómo ellos resuelven la inquietud de sus clientes de tener que lidiar con un vendedor de vehículos usados. Una de las herramientas que utilizan para comunicar que sus compradores no tienen que enfrentar este miedo interno es un plan de acuerdo. En este plan de cuatro puntos, la empresa les promete que nunca tendrán que regatear. ¿Tienes miedo de que te embauquen y te den una chatarra? CarMax se niega a vender un vehículo que no cumpla con sus estándares, por eso someten a cada coche a un proceso de renovación para estar seguros de que se gane su sello de certificación de calidad.[1]

Hoy en día, CarMax vende más que sus tres competidores juntos. De hecho, hace poco el periódico *Automotive News* los nombró campeones indiscutibles de los vehículos usados.[2] Como mencioné en el capítulo cinco, en CarMax pocas veces hacen anuncios con la solución al problema externo de sus clientes (que sería la necesidad de un coche usado). En su lugar, ponen el foco en sus problemas internos (el miedo de interactuar con un vendedor de vehículos usados) y alivian ese temor con un plan de acuerdo.

Este tipo de plan también puede funcionar para aumentar el valor percibido de un servicio que prometes brindar. Por ejemplo, el «Contrato con Estados Unidos» de Newt Gingrich es un plan de acuerdo. Newt era un congresista de Georgia casi desconocido que guio una toma de poder en ambas cámaras del Congreso haciendo un acuerdo con sus votantes. Él simplemente tomó los clásicos puntos claves de los conservadores, los puso en una lista y dijo: «Si votan por nosotros, haremos todo esto». Lo firmaron más de trescientos legisladores conservadores y Newt, de la noche a la mañana, se convirtió en un aspirante a la presidencia.

Otro beneficio de un plan de acuerdo es que puede servir para aclarar los valores que compartes con tus clientes. La lista de valores de Whole Foods ha atraído a millones de personas a sus tiendas y funciona como un plan de acuerdo que asegura que son una fuente de alimentos que cumplen con la responsabilidad social y ambiental.

A diferencia de un plan de proceso, un plan de acuerdo muchas veces trabaja en segundo plano. No tiene que aparecer en una posición destacada en la página de inicio de tu sitio web (aunque sí podría hacerlo), pero a medida que los clientes te conocen, sentirán un mayor nivel de confianza con tu servicio y al final se darán cuenta del motivo cuando se encuentren con tu plan de acuerdo.

La mejor forma de llegar a este plan es hacer una lista de todas las cosas que puedan preocupar a tu cliente con relación a tus productos o servicios y luego contrarrestar esa lista con propuestas que alivien tales preocupaciones.

Si es bastante corto (somos fanáticos de la brevedad, por supuesto), puedes colocarlo en las paredes de tu negocio y hasta en tus envases o bolsas.

¿CÓMO SE LLAMA EL PLAN?

Una vez que hayas creado tu plan de proceso o de acuerdo (o ambos), piensa en darle a cada uno un título para formalizarlo en la mente de tus clientes. Por ejemplo, tu plan de proceso puede llamarse «plan de instalación simple» o «el mejor plan del mundo para dormir en la noche». Y tu plan de acuerdo puede titularse «acuerdo de satisfacción del cliente» o incluso «nuestra garantía de calidad». Ponerle un título ayudará a fijar el plan en la mente del comprador y aumentará la percepción de la seriedad de lo que ofreces y de tu compromiso con la satisfacción del cliente.

Ahora que les has dado un plan, será mucho más probable que hagan negocios contigo. Una vez que has despejado la niebla, aclarado los pequeños pasos y aliviado sus preocupaciones, ya están listos para continuar con la aventura.

Sin embargo, antes de que muchos clientes se comprometan, necesitarán una cosa más de tu parte: que los llames a la acción. En otras palabras, vas a tener que pedirles el dinero. Lamentablemente, son muy pocos los empresarios que disfrutan de esto último, pero es porque piensan en la transacción de la manera equivocada. En el próximo capítulo, voy a enseñarte las formas correctas e incorrectas de llamar a los clientes a la acción y, lo que es más importante, espero transformarte en alguien que represente a su marca con audacia y orgullo.

No obstante, primero debes dedicarle tiempo a definir el plan, o los planes, que quieres implementar para aliviar los temores de los clientes y guiarlos hacia los próximos pasos.

CLARIFICA TU MENSAJE PARA QUE LOS CLIENTES TE ESCUCHEN

- Dirígete a StoryBrand.AI y crea un guion de marca de StoryBrand o inicia sesión en tu guion existente.
- Ya sea solo o con un equipo, compartan ideas sobre pasos simples que un cliente podría dar para hacer negocios contigo (un plan de proceso para antes o después de la compra, o una combinación de ambos).
- ¿Qué temores tienen tus clientes con relación a tu empresa? ¿Qué acuerdos podrías hacer para aliviar esos temores?
- ¿Compartes valores únicos con tus clientes? ¿Puedes explicar esos valores en un plan de acuerdo?
- Escribe los pasos (y el nombre) de tu plan de proceso en tu guion de marca de StoryBrand. Si estás creando un plan de acuerdo, simplemente utiliza la sección de notas de tu guion de marca para plasmar el acuerdo que harás con tus clientes.

CAPÍTULO 8

Y LO LLAMA A LA ACCIÓN

Principio número cinco de StoryBrand:
Los clientes no actúan a menos que
alguien los desafíe a hacerlo.

En este momento de la historia a la que invitamos a nuestros clientes, ellos están entusiasmados. Ya definimos un deseo, identificamos sus desafíos, empatizamos con sus frustraciones, demostramos que somos competentes y les dimos un plan. Sin embargo, aún necesitan que hagamos una cosa más: que los llamemos a la acción.

INVÍTALOS A REALIZAR UN PEDIDO

En las historias, los personajes nunca actúan por cuenta propia, sino que necesitan que alguien los desafíe a hacerlo. El personaje de Tom Cruise nunca se hubiera aventurado a recoger a su hermano en la película *Cuando los hermanos se encuentran* [*Rain*

Man] si no hubiese recibido una llamada explicando que su padre había fallecido. Romeo nunca hubiese trepado el muro para entrar al jardín de los Capuleto si no se hubiese enamorado perdidamente de Julieta. Elle Woods nunca se habría inscripto en Harvard si su novio no la hubiera dejado. El personaje de Liam Neeson no habría perseguido a esos tipos malos hasta Europa si no hubiesen secuestrado a su hija.

El motivo por el que hay que provocar a los personajes a pasar a la acción es porque todos los espectadores en la sala oscura del cine saben que los seres humanos no hacen cambios grandes en su vida si no es porque algo los desafía a hacerlo.

Si escribiera la historia de un hombre que quiere escalar el Everest y de repente un día se está mirando al espejo y se le ocurre hacerlo, la audiencia sentiría que algo no está bien en la narrativa. Decidir cambiar de un momento a otro y luego actuar de inmediato para llevar a cabo esa decisión no es la forma en que actuamos los seres humanos. Los cuerpos en reposo tienden a mantenerse en reposo, y lo mismo sucede con los clientes. Por lo tanto, los héroes necesitan ser desafiados por fuerzas externas.

¿Alguna vez te has preguntado por qué los presentadores de los infomerciales nocturnos gritan una y otra vez: «¡Llame ya! ¡No pierda tiempo!», como si intentaran despertar a la gente de un estado de trance? Lo hacen porque, en efecto, las personas se encuentran en un estado de trance.

Tus clientes son bombardeados con más de tres mil mensajes comerciales por día, y si no somos audaces en nuestro llamado a la acción, van a ignorarnos. Si nuestros llamados son débiles, nadie va a prestarles atención.

No hagas que los clientes tengan que leerte la mente

Un mentor una vez me dio un gran consejo de liderazgo que puede aplicarse también al *marketing* y la comunicación: no hagas que la gente tenga que leerte la mente. Él hacía énfasis en la necesidad de comunicarnos con claridad. Si crees que las personas pueden deducir lo que quieres decir, estás equivocado. Quienes obtienen lo que desean, saben cómo pedirlo en un lenguaje claro y simple, y si pretendes que tus clientes compren tus productos o servicios, tú también deberías pedírselos de forma clara y sencilla.

Cuando llega el momento de llevarlos a que hagan un pedido, solemos utilizar frases como: «Si estás interesado, avísame», pero pensemos por un momento en la pasividad de esas palabras. Pongámonos en el lugar del cliente y lo que pasa en su mente cuando las oye o las lee. ¿Qué ideas tiene que procesar su subconsciente para responder a eso? *¿Estoy interesado? No estoy seguro. ¿Cómo te contacto? ¿Y si no estoy interesado? ¿Va a ser incómodo si decido no comprar? ¿Y si el producto no me funciona? ¿Por qué no me llaman ustedes mejor? ¿Por qué tengo que ser yo el que los busque?* Y el pensamiento más triste que puede tener un cliente es este: *Ya estoy listo para realizar el pedido, pero me dicen que los contacte después. Espero acordarme de hacerlo.*

La próxima vez que estés concretando una venta, intenta en cambio decir esto: *Si tienes problemas con «X», que parece ser el caso, creo que la decisión correcta es comprar «Y». Puedo tomar tu pedido ahora y ya no tendrás que lidiar más con «X». ¿Quieres realizar un pedido ahora mismo?*

Cuando le doy una charla a un grupo de profesionales de ventas, suelo invitar a la audiencia a tomar sus computadoras portátiles para que redactemos juntos allí mismo un correo electrónico de ventas. Les digo que levanten su mano si tienen un cliente que está indeciso y, por supuesto, todos los presentes lo hacen. Luego les explico una fórmula para crear un mensaje de seguimiento utilizando el esquema SB7 y terminamos con el llamado a la acción que acabo de incluir. Después de eso, les pido que presionen el botón de «Enviar». Sin excepción, esos mensajes se convirtieron en miles y hasta millones de dólares en ventas. De hecho, el proceso funciona tan bien que mi equipo y yo garantizamos que concretaremos más dinero en ventas durante la sesión de capacitación de lo que nos pagan para estar allí. Nunca hemos dejado de cumplirlo. De hecho, la última vez que guié a un grupo de doscientos cincuenta ejecutivos de cuentas de Calix, una empresa en crecimiento y proveedora de soporte para servicios de banda ancha, a través del proceso cerraron ventas por más de 2,5 millones gracias a esos correos electrónicos enviados durante solo una hora de capacitación. El director financiero llamó a mi oficina unos días después para decirme que nunca había visto algo así en todos sus años de experiencia. ¿Por qué ese equipo pudo cerrar tantas ventas? Porque los clientes del otro lado de sus computadoras habían sentido empatía y claridad con respecto al problema que enfrentaban, y tuvieron la seguridad de que los productos de Calix lo resolverían. Esos correos electrónicos posicionaron al cliente como el héroe y al ejecutivo de cuentas como el guía, lo cual les dio a los clientes la confianza de que su historia terminaría bien. Además, las llamadas a la acción fueron claras: *Nuestro producto resolverá su problema, ¿quiere hacer su pedido ahora?*

El poder del botón «Comprar ahora»

Tengo un amigo que ha comprado y vendido casi cien empresas. Él sabe mucho sobre expandir un negocio, y cuando evalúa una empresa, se asegura de que las personas, los productos y los procedimientos estén todos saneados. Sin embargo, el ingrediente clave que él considera antes de comprar una empresa es si el proceso de venta está desafiando de forma correcta a sus clientes para que realicen los pedidos. ¿Por qué? Porque mi amigo sabe que la forma más rápida de impulsar un negocio es haciendo llamados a la acción claros y repetirlos una y otra vez. Él ha ganado millones con solo comprar empresas, crear llamamientos a la acción más contundentes, y venderlas luego de haber aumentado sus ingresos de forma predecible.

Uno de los mayores obstáculos para el éxito de un negocio es suponer, de forma incorrecta, que los clientes pueden leernos la mente. Es obvio para nosotros que queremos que hagan un pedido (¿por qué otro motivo les estaríamos hablando de nuestros productos?), así que suponemos que también es obvio para ellos. Pero no siempre lo es.

En lo que respecta al *marketing* en particular, el botón «Comprar ahora» debería estar en la esquina superior derecha de tu sitio web y en un espacio despejado donde no se encuentre rodeado de otros botones. Ese debe ser el botón más evidente para presionar, así que debe estar diseñado de una forma diferente o ser de un color más brillante que los otros botones de la página. En resumen, los botones «Comprar ahora», «Agregar al carrito» o «Programar una llamada» deberían ser los más obvios de pulsar. Ese mismo llamado a la acción debería repetirse al final de la página justo en el centro, y luego tendría que aparecer varias veces a medida que los clientes se desplacen hacia abajo.

Las empresas que no hacen un llamado a la acción claro me recuerdan mis días de soltería antes de conocer a mi esposa. En lugar de invitar a una chica a salir de forma directa, decía algo así como: «Si alguna vez quieres tomar un café, cuenta conmigo. ¿Te gusta el café?».

¿Qué se supone que debería hacer una mujer con una pregunta como esa? Desde luego que esa no es la forma de hacer un bebé.

A medida que fui creciendo, entendí el poder de la claridad. De hecho, la forma en que comenzamos nuestra relación mi esposa y yo es probablemente un ejemplo de una de las ocasiones en las que comuniqué algo con mayor claridad en mi vida. Conocía a Betsy de vista desde hacía un tiempo, pero cuando al fin tuve el valor de invitarla a salir, descubrí que tenía novio. Sin embargo, mi pasividad había durado mucho. Yo esperaba que ella notara lo mucho que me gustaba, incluso aunque las pistas que le daba fueran confusas. Era tiempo de un llamado a la acción fuerte. Cuando la volví a ver, le dije lo que de verdad sentía, que me gustaría llamarla treinta días después para invitarla a salir, pero que era necesario que dejara al otro tipo para evitar que la situación fuera incómoda.

Para mi sorpresa, treinta días después ella ya había terminado esa relación y comenzamos a salir. Cerca de un año después nos casamos y ahora tenemos una bebé. Resultó ser que el esquema StoryBrand no solo era efectivo para el *marketing*, pero dejaré eso para un próximo libro.

La moraleja de la historia es que tu llamado a la acción debe ser claro y para eso puedes hacerles preguntas a tus clientes que se respondan con sí o no. Las frases como: «Avísame si estás interesado» no los invitan a aceptar o rechazar nuestra oferta, sino que generan un torbellino de incertidumbre. En ese caso, las probabilidades de que nuestro cliente vaya a su casa, se siente en el sofá, se sirva una bebida y medite sobre nuestra oferta confusa son casi nulas; por lo tanto, no esperes cerrar muchas ventas si eres pasivo y poco claro.

Cuando yo era niño, había un hombre en uno de esos programas de televisión en la noche que solía cortar colchones al medio con una motosierra. Le gritaba a la cámara que se había vuelto loco y que estaba recortando los precios de todo tipo de muebles. El anuncio surtía su efecto, pero también se veía un poco ridículo. Muchos de nosotros tememos pedir que nos compren porque no queremos vernos como un vendedor de infomerciales, pero muy pocas personas que lean este libro van a resultar tan agresivas. Hemos trabajado con miles de clientes y aún no nos hemos cruzado con nadie que exagere de ese modo con tal de vender. La mayoría piensa que lo hace, pero en realidad sus llamamientos a la acción son más suaves que un susurro.

¿Crees en tu producto?

Cuando intentamos vender de forma pasiva, lo que comunicamos es falta de confianza en nuestro producto o servicio. Si no somos claros al pedir que compren, el cliente percibe debilidad. Y si no somos precisos, cree que estamos pidiendo caridad en lugar de tener la confianza de que lo que tenemos puede cambiar su vida. Los clientes no se complican con marcas que estén llenas de dudas y necesiten afirmación; buscan las que tengan soluciones para sus problemas.

Si podemos cambiar la historia de nuestro cliente para bien, ¿por qué no ser valientes e invitarlo a hacer negocios con nosotros? El guía en una película debe ser directo en cuanto a lo que quiere que haga el héroe; si no lo hace, aparenta ser débil y el público percibe una disonancia cognitiva y pierde el interés.

Dos tipos de llamados a la acción

En StoryBrand recomendamos dos tipos de llamados a la acción: *directo* y *transicional*. Estos llamamientos a la acción funcionan en dos fases diferentes de la relación entre el guía y el héroe.

Supongamos que le pedimos a un cliente que realice una compra, pero no está listo. No sabemos el motivo, pero aún no lo está. No tenemos por qué terminar la relación ahí solo porque necesiten más tiempo. De hecho, la mayoría de los clientes con justa razón precisa más tiempo, en especial si el artículo es caro o si el proceso de venta resulta complicado. Si este es el caso, lo mejor es profundizar la relación para que se acuerde de nosotros cuando esté listo, y la mejor forma de hacerlo es a través de un llamado transicional a actuar.

Los llamados directos a la acción incluyen solicitudes como «compra ahora», «programa una cita» o «llama ahora». Los mismos llevan a una venta o al menos son el primer paso en un camino que se dirige hacia ella.

Por otra parte, los llamados transicionales a la acción no requieren una compra inmediata, pero sí algún tipo de compromiso que más adelante ayude a construir una relación de confianza y puedas utilizarla para «orientar» a los potenciales clientes hacia una compra en el futuro. Invitar a las personas a ver un webinario (un seminario en línea) o a descargar un PDF son buenos ejemplos.

Continuando con la metáfora sobre una relación, un llamado transicional sería como preguntar: «¿Puedo invitarte a una cita?», mientras que uno directo sería como hacer la propuesta: «¿Te casarías conmigo?».

En nuestro material de *marketing* siempre debemos tener un llamado directo y un llamado transicional a actuar. Una conversación hipotética con nuestros clientes podría ser algo así:

Nosotros: ¿Te casarías conmigo?
Cliente: No.
Nosotros: ¿Saldrías conmigo otra vez?
Cliente: Sí.
Nosotros: ¿Te casarías conmigo ahora?
Cliente: No.
Nosotros: ¿Saldrías conmigo otra vez?
Cliente: Claro, eres interesante y la información que brindas es útil. Saldré contigo otra vez.
Nosotros: ¿Te casarías conmigo?
Cliente: De acuerdo, ahora sí me casaré contigo.

Como marca, es nuestro trabajo enamorar a nuestros clientes. Debemos llegar a conocerlos y que ellos nos conozcan, pero somos nosotros los que necesitamos tomar la iniciativa y mantener la relación viva y en crecimiento, incluso aunque no estén listos para hacer la compra.

LOS QUE PIDAN UNA Y OTRA VEZ AL FINAL RECIBIRÁN

Ahora que has leído este capítulo, comenzarás a ver la forma en que las buenas marcas construyen relaciones, incluso usando textos en páginas web, captadores de clientes y correos electrónicos. Hace algunos años estaba preparando un discurso de presentación para una marca internacional de champú y mi diseñador gráfico no me pudo ayudar porque estaba muy ocupado con otros proyectos. Como no quería esperar, decidí delegarle la presentación a una casa de diseño. Busqué en internet una empresa que se dedicara específicamente a presentaciones y encontré dos que podrían ayudarme.

El primer sitio web que visité tenía un diseño hermoso, incluyendo un video detrás del texto que explicaba sus valores y prioridades. Sin embargo, después de treinta segundos de admirar lo bien que se veía el sitio, comencé a buscar información para poder hacer negocios con ellos y no pude encontrar nada. Tenían muestras de proyectos anteriores, algunos testimonios y un número de teléfono al que podía llamar, pero ningún llamado a la acción claro y directo, por lo tanto, decidí visitar el sitio de su competencia.

El de la otra empresa no era tan atractivo visualmente, pero se atrevió a ser claro. «Si te preocupa una presentación, podemos ayudarte a tener un gran éxito». La verdad es que me preocupaba mi presentación y ellos le hablaron a mi miedo interior. También mostraron la imagen de una escena culminante: un equipo levantando en alto un trofeo. Luego me invitaron a una cita, es decir, me ofrecieron un PDF titulado «Cinco cosas que los grandes presentadores hacen bien», y me dio bastante curiosidad. Descargué el PDF y lo leí en pocos minutos. Su llamado transicional a la acción se ganó mi confianza y los posicionó como el guía de mi historia. Ellos tenían autoridad, según parecía, porque en el captador de clientes hablaban de todos los otros líderes a los que habían ayudado. Luego me enviaron correos electrónicos con información útil para hacer buenas presentaciones y cada mensaje me pedía que programara una llamada, pero durante las primeras semanas ignoré esa petición. Sin embargo, al terminar de leer otro mensaje con información práctica unas dos semanas después, hice clic en un enlace que me llevó otra vez al sitio web. Allí había un botón claro y brillante que decía: «Programa una llamada», y como me habían dado un trato especial, lo hice. Programé una llamada. Nunca regresé al sitio web del primer diseñador, porque aunque se veía mucho mejor y era impresionante, no lograron construir una relación de confianza conmigo. Al poco tiempo, ya estaba feliz firmando un cheque por varios miles de dólares para la compañía que claramente había construido una relación con el tiempo y me había desafiado a actuar.

Llamados directos a la acción

Vale la pena repetir que en tu sitio web debería haber un botón evidente que sea un llamado directo a la acción. Y cuando hablo de «un botón evidente», no me refiero a que haya «solo un botón», sino a que sea uno que sobresalga.

Nuestros clientes siempre deben saber que queremos casarnos con ellos. Aunque no estén listos, debemos seguir diciéndoles a dónde queremos que llegue la relación. Los clientes no compran cuando nosotros estamos preparados, sino que lo hacen cuando coinciden dos cosas: se dan cuenta de que tienen un problema y recuerdan que tú dispones de una solución. Si no están ante un problema, no van a realizar un pedido; pero si lo tienen y olvidan que tú provees la solución, van a comprarle a otro que haya hecho el esfuerzo de invitarlos a salir, pasar tiempo con ellos y construir la confianza. Nunca sabes cuándo un cliente va a querer comprometerse, pero cuando lo haga, desearás ser quien esté de rodillas con el ramo de flores en la mano y una sonrisa para la cámara.

Estos son algunos ejemplos de llamados directos a la acción:

- Realiza tu pedido
- Llama hoy

- Programa una cita
- Regístrate ahora
- Compra ahora

Puedes incluir estos ejemplos al final de cada comunicación masiva por correo electrónico, en tus carteles, en los anuncios de radio y hasta en los comerciales de televisión. Piensa en agregar este tipo de llamados a la acción en las firmas de correo electrónico de todos los miembros del equipo, y si de veras quieres que el mensaje se entienda, en todas las tarjetas de presentación. La idea es dejar bien en claro lo que nos gustaría que hicieran los clientes: una compra para que podamos ayudarlos a solucionar su problema.

Llamados transicionales a la acción

Los llamados directos a la acción son simples y evidentes (aunque es ridículo que se utilicen tan poco), pero los transicionales pueden ser igual de eficientes para que tu negocio crezca. De hecho, StoryBrand llegó a ser una empresa multimillonaria apenas en su segundo año utilizando solo un llamado transicional a la acción. Como sabíamos que muchos de nuestros clientes utilizaban el esquema SB7 para rediseñar sus sitios web, lanzamos un PDF gratuito titulado «Cinco cosas que debe incluir tu sitio web» y miles de personas lo descargaron. Al final del PDF, colocamos un anuncio de nuestro Taller de *Marketing* de StoryBrand, y en los doce meses siguientes duplicamos los ingresos de nuestros cursos sin invertir un solo dólar en publicidad.

Un buen llamado transicional a la acción puede conseguir tres logros importantes para tu marca:

1. **Establecer tu territorio.** Si quieres que te reconozcan como el líder en determinada área, reclama ese territorio antes de que tu competencia se te adelante. Crear un PDF, una serie de videos o cualquier otra cosa que te posicione como el experto es una gran forma de establecer autoridad.

2. **Crear reciprocidad.** Nunca me ha preocupado liberar demasiada información de manera gratuita. De hecho, cuanto más generosa es una marca, más reciprocidad crea. En todas las relaciones hay que dar y recibir, y cuanto más les des a tus clientes, más probabilidades tienes de que te den algo a cambio en el futuro. Tienes que ser generoso.

3. **Posicionarte en el lugar del guía.** Cuando ayudas a tus clientes a resolver un problema, incluso si es de forma gratuita, te colocas en el lugar del guía. La próxima vez que tengan un problema en ese ámbito de la vida, van a acudir a ti en busca de ayuda.

Este tipo de llamados a la acción viene en todas las formas y tamaños. Aquí te comparto algunas ideas para crearlos tú mismo:

- **Información gratuita:** Crea un documento oficial o un PDF educativo sin cargo para tus clientes sobre tu campo de especialización. Esto va a posicionarte como un guía en su historia y va a crear reciprocidad. Todo lo que sea educacional, videos, pódcast, seminarios en línea y hasta eventos en directo son llamados transicionales a la acción excelentes para llevar a los clientes a realizar una compra.
- **Testimonios:** Publicar un video o un PDF con testimonios de clientes felices genera el efecto de una escena

culminante en la mente de tu cliente. Cuando vean que otros tienen un final exitoso en su historia, querrán lo mismo para ellos.

- **Muestras:** Si puedes brindar muestras gratis de tu producto, hazlo. Darle a un cliente la capacidad de probar un auto, degustar un condimento, escuchar tu música o leer algunas páginas de tu libro son formas magníficas de presentarles tus productos a potenciales compradores.
- **Prueba gratuita:** Ofrecer una prueba gratuita por tiempo limitado funciona como una política para eliminar riesgos que también ayuda a tus clientes a integrarse. Una vez que testeen tu producto, tal vez ya no puedan seguir viviendo sin él.

Conecta los puntos

Hace poco, StoryBrand trabajó con una clínica que se especializa en análisis de salud, test de drogas, tratamientos de enfermedades leves y vacunas. El principal movimiento en la clínica provenía de empresas que necesitaban que sus empleados realizaran pruebas de drogas, lo cual daba lugar a un flujo constante y predecible de ingresos. Sin embargo, la clínica estaba estancada en su crecimiento. Los clientes venían por un servicio concreto, pero no conocían ninguno de los otros que ofrecía la institución.

Al visitar la clínica, una de nuestras entrenadoras de *marketing* de StoryBrand notó que les faltaba un llamado a la acción claro, ya fuera directo o transicional.

Los pacientes ingresaban al edificio, firmaban un formulario de ingreso, se sentaban en la sala de espera y leían revistas o miraban televisión mientras aguardaban que viniera una enfermera. Cuando nuestra entrenadora certificada contactó con la clínica, le pidió al dueño que quitara la televisión y las revistas. En su lugar, lo animó a que creara un llamado transicional a la acción con el título «Encuesta para un cuerpo saludable», permitiéndoles a los pacientes hacer una autoevaluación de su salud. La lista de verificación tenía preguntas como: «¿Te sientes cansado alrededor de las dos de la tarde todos los días?» o «¿Estás conforme con tu peso actual?». Les sugerimos que, después de terminar los análisis de laboratorio, las enfermeras revisaran la encuesta con cada paciente y le hablaran de las soluciones que estaban disponibles para ellos en la clínica. Así, la recepcionista podría ingresar la información personal del cliente en el sistema de *marketing* por correo electrónico y, según la clasificación del paciente, se pondría en marcha una campaña automatizada. Si el individuo parecía necesitar más vitamina B, recibiría una serie de mensajes explicando los beneficios de la inyección mensual de vitamina B, junto con llamamientos a la acción claros para guiar al paciente a que programara otra cita. ¿Qué sucedió? Por supuesto, las ventas aumentaron. ¿Por qué? Porque las enfermeras hicieron un llamado transicional a la acción que identificaba los problemas y luego la clínica construyó una relación de confianza con cada cliente nuevo mediante la campaña.

¿Puedes crear algún llamado transicional a la acción para que tu negocio crezca? ¿Tus llamados directos a la acción son lo suficientemente claros y se repiten a menudo? Si no es así, es probable que tus clientes no sepan lo que quieres que hagan. Recuerda que la claridad atrae a las personas y la confusión las aleja. Ser claro en nuestros llamamientos a la acción hará que los clientes no se sientan confundidos sobre qué acciones llevar a cabo para hacer negocios contigo. Por otro lado, los llamados transicionales a la acción aumentan la duración y la profundidad de la relación que construyes con los clientes.

¿CUÁLES SON LOS RIESGOS?

En este punto de la optimización de la comunicación y el *marketing* con el esquema StoryBrand, los clientes van a comenzar a realizar sus compras, pero no debemos detenernos aquí. ¿Cómo podemos hacer que la historia a la que los invitamos sea tan emocionante que estén ansiosos por hacer negocios con nosotros?

Para eso, debemos definir los riesgos. ¿Qué hay en juego en la historia del cliente si eligen comprar nuestro producto o no? Si aún no lo hemos definido, estamos perdiendo la oportunidad de hacer que la historia sea interesante.

En los próximos dos módulos, voy a enseñarte a definir con exactitud cuáles son los riesgos para aumentar ese sentido de intriga y urgencia con respecto a tu marca.

Sin embargo, antes de avanzar, continúa trabajando con el fin de clarificar tu negocio al proponer ideas para posibles llamados a la acción que puedas incluir en tu guion de marca de StoryBrand.

CLARIFICA TU MENSAJE PARA QUE LOS CLIENTES TE ESCUCHEN

- Dirígete a StoryBrand.AI y crea un guion de marca de StoryBrand o inicia sesión en tu guion existente.
- Decide qué llamado directo a la acción quieres incluir en tu material de *marketing*.
- Sugiere ideas para llamados transicionales a la acción que puedes crear con el fin de establecer tu territorio, crear

reciprocidad con tus clientes, fortalecer una relación y posicionar tu marca como un guía.

- Completa la sección «Llamado a la acción» de tu guion de marca.
- *Para saber más de nuestras capacitaciones de ventas, visita StoryBrandSalesTransformation.com*

Y lo llama
a la acción

Directo

_____
_____
_____

Transicional

_____
_____
_____

CAPÍTULO 9

PARA ASÍ EVITAR EL FRACASO

Principio número seis de StoryBrand:
Todo ser humano trata de evitar que
su historia tenga un final trágico.

Una historia logra atrapar al público dependiendo de su habilidad para generar interés con una sola pregunta: ¿logrará el héroe alcanzar su objetivo o fracasará? Para animar a la audiencia a preocuparse por el héroe y su objetivo, un buen escritor debe utilizar las estrategias narrativas de forma correcta. Por ejemplo, lo primero que debe hacer es crear un héroe con el cual sea fácil identificarse y que resulte simpático; es por eso que muchas historias comienzan mostrándote cómo el héroe perdió a sus padres. Los huérfanos despiertan la simpatía de todos los seres humanos, porque casi siempre son criaturas inocentes que están extraviadas y necesitan que los completen, un estado en el que se encuentran los seres humanos varias veces a la semana. Todos nos sentimos como huérfanos de vez en cuando, incluso aunque tengamos padres sumamente atentos. Sentirse así, en el sentido filosófico, es darse cuenta de que tu vida es tuya y al final vas a tener que hacerte responsable de ella para encontrar la plenitud. Entonces, en un guion narrativo significativo, la plenitud que el héroe debe hallar toma una forma simbólica, como un logro (Daniel ganando el campeonato en *Karate Kid*), la consumación de una pareja (en cualquier comedia romántica que te venga a la mente) o un regreso a casa (en *El señor de los anillos* y todas las películas de *Benji*). En resumen, el trabajo del narrador es hacer que nos interesemos en el héroe todo el tiempo que sea necesario para que la historia se sienta como un viaje difícil y transformador. Todo esto es relativamente fácil de lograr si se establece una adversidad al principio (el héroe en el pozo) y luego se define un objetivo claro (el héroe de pie al borde del pozo que reflexiona sobre el cambio que ha tenido). Sin embargo, lo más difícil para el narrador es estirar todo eso durante noventa minutos, dos horas o, en el caso de una serie, durante varias temporadas de Netflix. Por lo tanto, ¿cómo hacen los escritores para alargar la trama y hacer un largometraje a partir de la idea de la historia? Intercalan conflictos y presentan riesgos grandes.

En un capítulo anterior hablamos de los problemas de tus clientes y lo importante que es entenderlos y conversar acerca de ellos con frecuencia. Recordarás que cuanto más te refieras a los problemas de tus clientes, más probable será que compren tus productos, pero esto resultará mucho más efectivo si le añades un elemento más a tu campaña: riesgos negativos.

En términos de una narración, un riesgo es lo que está en juego si el héroe logra o no logra su cometido. Cuanto más alta sea la apuesta, mayor será el interés del público por descubrir lo que sucederá.

A lo largo de una historia, los escritores auguran un posible final exitoso o trágico. La audiencia permanece en suspenso mientras que el narrador mantiene al héroe tambaleándose al borde de un precipicio entre el éxito y el fracaso. La clave es utilizar los riesgos en la historia para mantener al público ansioso.

Si necesitas aumentar los riesgos en una comedia romántica, haz que la joven se enamore del hermano del héroe, quien por cierto es un cretino, un bravucón y un estafador. Luego, el hermano abusador la seduce y enamora con mentiras y engaños, lo cual hace que la audiencia se sienta incómoda por lo mal que podría terminar esta historia. Si la joven se casa con el estafador, arruinaría su vida y la del héroe. Por supuesto, cada vez que el narrador necesite aumentar el sentido de urgencia, solo debe presionar el botón «que el hermano desagradable haga algo horrible» y los espectadores se involucrarán aún más.

Los escritores emplean todo el tiempo los riesgos como recursos para la trama, y en nuestro camino para clarificar el mensaje de nuestra marca podemos aprender bastante de esta estrategia comprobada. La pregunta que debemos hacernos es: ¿qué pueden ganar o perder nuestros clientes si compran o no nuestros productos?

Las únicas dos acciones que un héroe puede sentirse motivado a realizar en una historia son alejarse de algo malo o acercarse a algo bueno. Así es la vida. Nuestro deseo de evitar el dolor nos motiva a buscar una solución para nuestros problemas.

Si un narrador no es claro al describir las consecuencias malas, terribles y horrendas que podrían sucederle al héroe si no supera su desafío, la historia no tendrá nada en juego, y una trama sin riesgos perderá el favor del público de inmediato.

Como regla general, cada escena de una película debe brindar una respuesta clara a la pregunta del riesgo, es decir: ¿qué hay en juego para el héroe en esta escena? Cada conversación, cada escena de persecución, cada montaje sentimental y reflexivo debe servir a la película de la misma forma: tiene que acercar o alejar al personaje de un final trágico que pueda ocurrirle.

El motivo por el que seguimos pasando las páginas del libro *Jane Eyre* de Charlotte Brontë es la sospecha de que Edward Rochester escondía algo aún más oscuro de lo que preveíamos al principio.

Todos vimos la película *Tiburón* al borde del asiento, porque sabíamos que podrían morir más ciudadanos en la isla Amity si el jefe de policía Martin Brody no hacía algo.

Imagina que en una historia no pueda sucederle nada malo al héroe, que en una novela romántica todo salga bien para la pareja y terminen en una hermosa boda sin complicaciones, o que en una película de acción la bomba que necesita destruir el héroe en realidad fuera de cartón y no hubiera un peligro real. ¿El público se interesaría?

La lección para quienes intentamos que nuestro mensaje sea más claro es que las marcas que no ilustran lo que está en juego no logran responder a la pregunta que todo cliente se hace en secreto: «¿Y entonces qué?».

¿DÓNDE ESTÁ MAYHEM?

Una larga campaña de la aseguradora Allstate incluye varios anuncios en los que el personaje Mayhem (en español «caos»), interpretado por el actor Dean Winters, representa con humor distintos problemas como mapaches en el ático o un incendio ocasionado por una parrillada en el estacionamiento antes de un partido. La idea era recordarle de una manera divertida a la gente por qué necesitan un seguro. Mayhem siempre se presenta en contraste con la estabilidad de una vida tranquila y protegida por Allstate, cerrando con esta pregunta reflexiva: «¿Estás en buenas manos?».

En 2015, junto a la agencia de publicidad Leo Burnett, Allstate llevó la campaña a un nivel de entretenimiento espectacular. En el día de Año Nuevo, durante el Sugar Bowl (un tradicional partido de fútbol americano universitario), la empresa de seguros lanzó una operación llamada Project Share Aware [Proyecto Conciencia de Compartir]. La idea fue concientizar al público de que compartir su ubicación en las redes sociales podría alertar a criminales sobre cuándo entrar a robar a su casa.

Para anunciar el proyecto, Allstate encontró a una pareja de verdad y les hicieron creer que habían ganado un premio. Los visitaron en su hogar y en secreto tomaron fotos de los artículos que había allí. Luego, recrearon su casa por completo en un estudio de grabación, con copias de todas sus pertenencias. La pareja fue invitada a ver el Sugar Bowl y les dieron su propio palco privado. Durante el juego, Mayhem comenzó a subastar las pertenencias de la pareja en televisión nacional y a dirigir a los espectadores a Mayhemsale.com a fin de obtener precios sumamente bajos para todo, desde el auto usado de la pareja hasta una vieja tuba. Mientras ellos veían en la pantalla gigante del juego que estaban subastando sus pertenencias, cámaras ocultas captaron sus reacciones y transmitieron por televisión sus expresiones de pánico.

Por supuesto, las posesiones reales de la pareja estaban a salvo, pero la campaña provocó temor en muchos estadounidenses. De hecho, medios de comunicación de todo el país, como ABC

News, *Wall Street Journal* y el *New York Times*, cubrieron la noticia. De pronto, la amenaza de criminales que entraban a nuestras casas si publicábamos nuestra ubicación en las redes sociales se convirtió en un temor nacional.

¿Cuál fue el resultado de la campaña para Allstate? El sitio Mayhemsale.com recibió entre seis mil y diez mil visitas por segundo al final de cada comercial, y más de dieciocho millones durante el juego. Además, #Mayhemsale estuvo entre las primeras diez tendencias durante el juego, e inmediatamente después de que se emitieron los anuncios llegó a ser número uno a nivel mundial. Los seguidores de Mayhem en X (Twitter, en ese entonces) aumentaron a veinticuatro mil durante el juego, y el primer anuncio de la campaña tuvo más de veinte millones de visualizaciones en Facebook y casi setenta mil «me gusta».[1] Durante el transcurso de un partido de fútbol americano, Allstate había anticipado un fracaso potencial de sus clientes (riesgos) y les vendió un seguro que los protegería, abriendo un bucle de historias psicológicas oscuras y ofreciendo un producto para cerrarlas en la misma campaña.

Es obvio que no todos tenemos acceso a los millones de dólares necesarios para generar una campaña así, pero mostrar los posibles inconvenientes de no hacer negocios con nosotros es mucho más fácil de lo que pensamos. Podemos incluir los posibles fracasos en los temas de un blog, el contenido de un mensaje o las viñetas del sitio web para darles a nuestros clientes un sentido de urgencia en lo que respecta a nuestros productos y servicios.

¿QUÉ ESTÁ EN JUEGO?

Si hablamos de riesgos negativos en nuestro *marketing*, la pregunta obvia es: ¿qué podría perder el cliente si no compra nuestros productos?

Para algunos es incómodo, lo entiendo. Yo también solía sentirme incómodo cuando pensaba en «advertirles» a mis clientes sobre una desgracia inminente. ¿Por qué no sería así? Lo último que quiero hacer es generar un miedo exagerado, ya que resulta cierto que los alarmistas pueden provocar rechazo. Sin embargo, este no es el problema con el que luchan el 99,9 % de los empresarios. En nuestros mensajes, la mayoría de nosotros damos lugar a la dinámica opuesta en la mente de nuestros clientes, porque no definimos los riesgos negativos de la historia a la que los invitamos y eso nos hace ver como poco interesantes. Recuerda: si no hay riesgos en una trama, no hay historia.

Si la película es buena, debes poder pausar la pantalla en cualquier momento y saber qué hay en juego tanto en la historia general como en esa escena específica. Por ejemplo, si nos detenemos en medio de una escena de Jason Bourne, debemos poder descifrar con facilidad que si no descubre quién es y quién lo persigue, los tipos malos misteriosos ganarán y él morirá, *y* que si no sale de esa casa antes de que el escuadrón de ataque le dispare, perderá su vida en ese instante. En otras palabras, existen riesgos principales y secundarios desde el primer hasta el último minuto de la película.

Con el *marketing* y la comunicación de tu negocio sucede lo mismo que con una película. Si estoy revisando el inicio de tu página web, debo saber cuáles son los riesgos de comprar o no comprar tu producto, y si me envías un correo electrónico hablándome de él, los riesgos deben estar presentes allí también. Del mismo modo, si estás haciendo una presentación breve, esos riesgos deben repetirse. Y por cierto, si estás ofreciendo un PDF para captar clientes, deben aparecer los riesgos de decidir descargarlo o no; y si lo hago, deben mencionarse riesgos en cuanto a leerlo o no; y si lo leo, tienen que estar claros los riesgos ante la opción de comprar tu producto o no, o si en vez de hacerlo inmediatamente lo hago antes de la medianoche de hoy. ¿Son demasiados riesgos? Casi nunca. ¿Puede haber demasiados riesgos en una película de acción? ¿Y no quieres que la historia a la que invitas a tus clientes sea tan atractiva como una película de acción?

Muchas de nuestras campañas de comunicación son tan lentas como una película de arte francesa que no tiene ningún atractivo comercial, salvo para el aspirante a escritor vanguardista de veintitantos años que utiliza la película para reforzar su frágil identidad artística y sentirse superior a los demás, a pesar de no haber logrado atraer a las mujeres que quería y de que el dinero que despilfarró en producirla podría haberlo invertido mejor en la cuenta de un buen psicólogo. Hablo por un amigo.

La aversión a la pérdida motiva a las personas

Hacer énfasis en la posible pérdida es mucho más que solo contar historias bien, también implica una buena economía del comportamiento. En 1979, el ganador del Premio Nobel de Economía, Daniel Kahneman, publicó una teoría sobre por qué las personas toman ciertas decisiones de compra. «La teoría de las perspectivas», como se la llama, expresa que es más probable que las personas estén insatisfechas con una pérdida a que estén satisfechas con una ganancia. En otras palabras, la gente odia más perder cien dólares de lo que disfruta obtenerlos. El estudio prueba que la aversión a la pérdida motiva más a comprar que las potenciales ganancias. De hecho, según Kahneman, en ciertas situaciones las personas se sienten dos o tres veces más motivadas a realizar cambios para evitar una pérdida que para lograr una ganancia.[2]

La aversión a la pérdida se puede implementar en cualquier momento que necesitemos convencer a alguien de que tome la decisión correcta. Cuando Lyndon Baines Johnson, presidente de Estados Unidos, trabajó para aprobar la Ley de Derechos Civiles de 1964, se enfrentó a la eterna presión de los líderes políticos del sur. Uno de los principales líderes que se negó a apoyar esa ley fue George Wallace, quien en ese entonces era el gobernador del estado de Alabama. Wallace no tenía ningún voto en el proyecto de ley, pero su influencia amenazaba con poner en peligro la aprobación de todos modos. En un momento crucial de las negociaciones, Johnson sentó a Wallace y le explicó que le convenía ponerse del lado correcto de la historia. Le dijo que su legado pendía de un hilo, que la gente podría construir una estatua en su honor o recordarlo por haber incitado al odio. Todo dependía de su decisión. En otras palabras, Johnson explicó la estructura narrativa de su esfuerzo de liderazgo y enfatizó los riesgos, incluso el posible legado manchado del gobernador. Por supuesto que el proyecto de ley de derechos civiles se aprobó.

Entonces, ¿cómo utilizamos los mensajes de fracaso en nuestro guion de marca de StoryBrand? En su libro *Building Communication Theory* [Construcción de la teoría de la comunicación], Dominic Infante, Andrew Rancer y Deanna Womack proponen un proceso de cuatro pasos llamado «apelación al miedo».

Primero, debemos hacer que un lector (u oyente) sepa que es vulnerable a una amenaza. Usaré una narrativa simple de *marketing* para un negocio de control de plagas como ejemplo:

«Casi el treinta por ciento de todos los hogares muestran señales de tener plagas de termitas».

Segundo, debemos decirle al lector que, dada su vulnerabilidad, tendría que hacer algo para reducirla.

«Como las termitas pueden destruir tu hogar, deberías hacer algo para proteger tu inversión».

Tercero, deberíamos realizar un llamado a la acción *específico* para protegerlos del riesgo.

«En la empresa de control de plagas ACME ofrecemos un tratamiento completo que te garantizará una casa libre de termitas».

Cuarto, deberíamos desafiar a las personas a que lleven a cabo esta acción específica.

«Para disfrutar de un diez por ciento de descuento, llámanos hoy mismo y programa el tratamiento de tu hogar».[3]

Básicamente, Infante, Rancer y Womack presentan una forma suave de inquietar a los lectores u oyentes para luego señalar el camino de regreso a la paz y la estabilidad, salvándolos de los riesgos negativos que están en juego en la historia.

Los riesgos en una narrativa pueden ser bastante importantes. Si eres un doctor, dejar claros los riesgos negativos puede salvar muchas vidas. De seguro un paciente o dos se molestarán cuando les expliques que tienen que cambiar su dieta o recordar tomar su medicación, ¿pero esa molestia no vale la pena si es para salvarle la vida?

No te equivoques, las palabras que describen los riesgos negativos son importantes. Si hay algo grave en juego, dilo con claridad.

A veces una advertencia puede parecer una mala noticia, pero si es para prevenir la destrucción, ten la valentía de expresarlo.

El temor es la sal de una receta

Para ver resultados, no es necesario utilizar un miedo aterrador en la historia, solo una pizca de sal es suficiente para una receta. Si bien necesitamos comunicar algo en la categoría «fracaso» para completar nuestro guion de marca, si hacemos demasiadas advertencias sobre una destrucción inminente correremos el riesgo de que los clientes se desinteresen.

Infante, Rancer y Womack explican el motivo:

> Cuando quienes reciben el mensaje negativo son *demasiado* miedosos o *demasiado* valientes, se producen cambios de actitud o de conducta. Los niveles altos de temor son tan fuertes que los individuos se paralizan, y los niveles bajos son demasiado débiles como para producir el efecto deseado. Los mensajes que contienen algo que genere temor de forma moderada son más efectivos para producir un cambio en la actitud o el comportamiento.[4]

Esta lección nos enseña que el temor a los mensajes negativos no debe impedirnos utilizarlos, porque si no los incluimos, nuestra campaña no logrará estimular la acción. Dicho esto, tampoco debemos abusar de ellos y emplearlos en exceso. Sin embargo, en mi opinión, casi nadie que lea este libro va a utilizarlos en demasía. Por el contrario, la mayoría dejamos que la reticencia a escribir mensajes negativos nos haga cometer el error más grande, que es hacer muy poco uso de este recurso o hacerlo de una forma tan mínima que no logre realzar nuestro mensaje y generar un sentido de urgencia. Para mí, esta es la regla general: cuando estoy apenas un poco incómodo con la negatividad de mi mensaje, agrego un poco más y ya. Según mi experiencia, la persona que oye el mensaje solo comparte a medias mi sensación de que estoy siendo negativo.

Otra verdad para tener en cuenta es que tu mensaje negativo, por lo general, se convierte en positivo si lo combinas con una oferta de redención. Por ejemplo, pregúntate si la siguiente historia es feliz o triste:

> Un hombre entró a un banco con un arma y tomó a diez personas de rehenes, incluyendo a un niño pequeño. El niño lloraba mientras el hombre mostraba el arma y les gritaba que se quedaran quietos. La policía llamó al banco, pero el ladrón no contestó el teléfono. Luego de que la madre del niño comenzara a hablar con el asaltante, se identificara con sus frustraciones por las injusticias de la economía y empatizara con su mala situación, él liberó a los rehenes y fue detenido después sin más incidentes.

¿Te pareció una historia triste o feliz? La mayoría diría que es una historia para sentirse bien porque tiene un final feliz, pero es la historia de un criminal posiblemente violento que amenaza las vidas de gente inocente, incluso la de un niño. De hecho, en la trama hay muchas más características negativas que positivas, pero los puntos donde aparecen la empatía y la compasión, sumados a la liberación de los rehenes, le dan color al resto de la historia. La regla es que cuanto más oscura se pone la historia, más brillante es la luz al final del túnel.

Como empresarios es importante entender que el énfasis en las consecuencias negativas que hay en juego solo hace que la acción de realizar una compra sea una conclusión más alegre y esperanzadora. En otras palabras, el mal hace que el bien sea aún mejor.

¿QUÉ LES AYUDAS A EVITAR A TUS CLIENTES?

¿Qué consecuencias negativas estás ayudando a tus clientes a evitar? ¿Tus clientes podrían perder dinero si no realizan una compra? ¿Está en riesgo su salud si no contratan tus servicios? ¿Qué hay del costo de oportunidad? ¿Pueden generar o ahorrar más dinero contigo que con un competidor? ¿Empeoraría su calidad de vida si ignoran tu oferta? ¿Cuál es el costo de no hacer negocios contigo?

Si eres un asesor financiero, por ejemplo, la lista de lo que ayudas a tus clientes a evitar puede ser algo así:

- Confusión sobre cómo se invierte el dinero.
- No estar listo para la jubilación.
- Falta de transparencia de tu asesor financiero.
- Falta de interacción personal con tu asesor.
- Comisiones ocultas.

En tu texto de *marketing* puedes incluso imaginar una escena trágica que pueda suceder si no hacen negocios contigo. En un correo electrónico o en su página de inicio, un asesor financiero podría escribir algo así:

«No postergues tu jubilación. Has trabajado muy duro durante mucho tiempo, mereces disfrutar tiempo con tus nietos».

Aquí tienes ejemplos de lo que algunos clientes de StoryBrand ayudan a evitar a sus propios clientes:

Perkins Motorplex (autos usados)
- Estafas de un vendedor de autos usados.
- Comprar una chatarra.
- Sentir que se aprovecharon de ti.

Rely Technology (audio y video para el hogar)
- Vivir en una casa aburrida.
- Que nadie quiera ver los partidos en tu casa.
- Necesitar un doctorado para encender tu televisor.

Aerospace Market Entry (fabricante de equipamiento aeroespacial)
- Que un producto falle y dañe tu reputación.
- Que la producción sea ineficiente.
- Que la competencia te supere.

Win Shape Camps (campamento de verano para niños)
- Pasar un verano largo y aburrido.
- Tener un montón de niños inquietos en tu casa.
- Arrepentirte de haber desperdiciado el verano.

Podrás ver que incluir estas ideas en el material de *marketing* le dio a la historia a la que invitaban a sus clientes un sentido de intriga y urgencia.

En este módulo de tu guion de marca de StoryBrand solo te damos unos pocos puntos para enumerar, pero te daremos muchos más en el módulo del éxito. Por supuesto, esto es a propósito. Solo necesitas pocas cosas terribles, crueles y espantosas para alertar a tus clientes y crear el sentido de urgencia necesario. Si incluyes demasiada negatividad, tus clientes van a oponer resistencia, pero si utilizas muy poca, no sabrán siquiera por qué tus productos son importantes.

Una vez que hayas definido los riesgos negativos, podrás motivarlos a evitar el fracaso. En el próximo capítulo, aumentaremos su motivación de forma dramática al ayudarlos a imaginar lo increíble que sería su vida si compraran tus productos o servicios. Una vez que entiendan lo que ofreces y cómo eso mejorará su vida, habrás incluido en la historia lo que está en juego y la interacción con los clientes aumentará. Sin embargo, primero debemos alertarlos sobre las consecuencias de no hacer negocios contigo.

CLARIFICA TU MENSAJE PARA QUE LOS CLIENTES TE ESCUCHEN

- Dirígete a StoryBrand.AI y crea un guion de marca de StoryBrand o inicia sesión en tu guion existente.
- Haz una lluvia de ideas sobre las consecuencias negativas que ayudas a tus clientes a evitar.
- Escribe al menos tres de esas consecuencias en tu guion de marca.

Para así evitar el fracaso

CAPÍTULO 10

Y AL FINAL TIENE ÉXITO

Principio número siete de StoryBrand:
Nunca asumas que la gente entiende cómo
tu marca puede cambiar sus vidas. Díselo.

Hace algunos años un amigo me dio un buen consejo de liderazgo. Me dijo: «Don, siempre recuerda que las personas quieren que las lleves a algún lado. Descubre a dónde deseas llevarlas y comunícaselos con claridad, luego repítelo sin parar hasta que lo logres».

He descubierto que puedo aplicar ese consejo en mi familia, mi equipo, los libros que escribo y los discursos que doy. Y sin duda, también lo puedo aplicar en la comunicación de mi marca.

¿A qué lugar llevas a las personas con tu marca? ¿Las conduces a la seguridad financiera? ¿Al día en que se muden a su casa de ensueños? ¿A un fin de semana divertido con amigos? Las historias hablan de personas que van a algún sitio y, tal vez sin saberlo, cada potencial cliente que encontremos nos está preguntando a dónde puede transportarlos nuestra marca.

En esencia, clarificar el mensaje de tu marca es ejercer liderazgo. Tu trabajo es guiar al héroe para que salga del pozo hacia una vida mejor. Transmitir una visión puede ser el elemento más importante de cualquier campaña de liderazgo. Ronald Reagan imaginó a Estados Unidos como una ciudad resplandeciente en lo alto de una colina y Bill Clinton prometió construir un puente hacia el siglo veintiuno. A los candidatos presidenciales siempre les funcionó esto de comunicar una visión clara y con aspiraciones.

Los líderes cautivan la imaginación de su público cuando anuncian un posible final exitoso o, como dice Stew Friedman de la Escuela de Negocios Wharton, definen «una imagen atractiva de un futuro posible de alcanzar».[1]

Las marcas exitosas, al igual que los líderes triunfadores, dejan bien claro cómo será la vida de alguien que se relacione con sus productos o servicios. Nike promete brindarles inspiración e innovación a los atletas. De igual modo, Starbucks ofrece inspirar y nutrir a sus clientes, una taza a la vez. Durante años, Men's Wearhouse prometió: «Te gustará la forma en que te ves», y hasta lo garantizaban.

Sin una visión, el pueblo perece. Y las marcas también.

En el último y más importante elemento del esquema Story-Brand, vamos a ofrecerles a nuestros clientes lo que más quieren: un final feliz para su historia.

LA VISIÓN DEBE SER ESPECÍFICA Y CLARA

Uno de los problemas que tienen los clientes de StoryBrand es que la visión que ilustran para el futuro de sus clientes es demasiado difusa. Nadie puede emocionarse con una visión desenfocada. Las historias no pueden ser vagas, deben estar definidas y narrar cosas específicas que les suceden a personas específicas. De no ser así, no serían historias, solo serían un relato de eventos aleatorios.

Harrison Ford tuvo que derrotar a los terroristas en *Avión presidencial* para regresar a la Casa Blanca en paz. Erin Brockovich tuvo que ganar el veredicto contra la empresa Pacific Gas and Electric para que los ciudadanos de Hinkley, California, pudieran ser compensados por su dolor. En una buena trama, la resolución debe estar definida con claridad para que la audiencia sepa qué esperar exactamente.

Es importante ser específicos. El presidente Kennedy habría aburrido al mundo si su visión hubiera sido «un programa espacial sumamente competitivo y productivo». En cambio, él definió la ambición de forma específica y visual, de esa manera inspiró a toda una nación: «Pondremos a un hombre en la luna».

ANTES Y DESPUÉS

Mi amigo Ryan Deiss de DigitalMarketer creó una gran herramienta para ayudarnos a imaginar el éxito que nuestros clientes van a experimentar si utilizan nuestros productos y servicios.

En una tabla sencilla, Ryan nos permite visualizar cómo serán las vidas de nuestros clientes después de hacer negocios con nosotros, cómo se sentirán, cómo se verá un día promedio y qué nuevo estatus social disfrutarán.

Completar esta tabla para tu marca hará que la visión que tienes para tus clientes sea aún más clara. Una vez que sepas cómo cambiará la vida de tus clientes al adoptar tu marca, podrás idear muchos textos efectivos para utilizar en tu material de *marketing*.

	ANTES DE TU MARCA	DESPUÉS DE TU MARCA
¿Qué tienen?		
¿Qué sienten?		
¿Cómo es su día promedio?		
¿Cuál es su posición social?		

El próximo paso es decirlo con claridad. Debemos contarles cómo será su vida cuando compren nuestros productos o, de otro modo, no tendrán ninguna motivación para hacerlo. Es importante que hablemos de esa visión final en nuestros discursos, campañas de envíos masivos de correos electrónicos, sitios web y en todas partes.

Las imágenes también son importantes cuando se trata de transmitirles una visión a nuestros clientes. Si vendes pisos de cocina, tu sitio web podría mostrar a una mamá feliz que alza a su niño desde el hermoso y brillante piso de la cocina. Si vendes educación, muestra estudiantes entretenidos en clase que aprenden en el ambiente que les brindas. Sin importar lo que vendas, siempre que sea posible, muestra a personas que estén felices disfrutando de tus productos.

ES IMPORTANTE CÓMO
TERMINA LA HISTORIA

Por último, el módulo del éxito de tu guion de marca de Story-Brand debería resolver los tres niveles de problemas de tus clientes: externo, interno y filosófico. Cuando observes la visión que transmitirás para la historia a la que invitas a tus clientes, ten en cuenta cómo se verán sus vidas cuando resuelvan el problema físico, luego piensa cómo los hará sentir esa resolución, y después considera por qué eso ha hecho que el mundo sea un lugar más justo para ellos. Una vez que hayamos solucionado sus problemas externos, internos y filosóficos, habremos logrado imaginar una resolución atractiva para la historia de nuestros clientes y aumentado las probabilidades de que se incluyan en esa historia.

Con el fin de que una narrativa sea satisfactoria para el público, los contadores de historias muchas veces se esfuerzan por resolver los tres niveles de conflicto del héroe en lo que se llama una escena obligatoria (o culminante). Si está bien escrita, esa escena tiene lugar justo antes del final de la película, en general, cerca de nueve minutos antes de que los créditos comiencen a rodar. Se le llama escena obligatoria porque el escritor está «obligado» a que suceda. Por ejemplo, si un hombre conoce a una mujer y se enamora en el primer acto, el escritor tiene la obligación de que al final terminen juntos (siempre y cuando su intención sea hacernos sentir bien). Sin embargo, la clave para un final estelar es lograr con éxito que al principio de la historia se abra un bucle con el problema externo, interno y filosófico y luego resolverlos todos juntos en un solo evento al final.

Les comparto un ejemplo: al final de la película de George Lucas, *La guerra de las galaxias: Una nueva esperanza*, Luke

Skywalker resuelve de una sola vez el conflicto externo (destruir la Estrella de la Muerte disparándole el torpedo de fotones a través de su válvula de escape), el interno (la duda constante de tener lo que se necesita para ser un Jedi) y el filosófico (el bien contra el mal ilustrado por la persecución del violento Darth Vader). Cuando Luke acierta el disparo (alerta: estoy revelando el final), los tres niveles de conflicto se resuelven de una vez, le dan al público tres niveles de satisfacción y hacen que yo, con nueve años, me pare en mi asiento y arroje las palomitas de maíz al aire para vergüenza de mi madre y mi hermana.

Observemos el final de *El discurso del rey*, la película de David Seidler y Tom Hooper ganadora del Oscar. Su final emplea los mismos recursos narrativos que *La guerra de las galaxias* de Lucas, y con los mismos excelentes resultados. Si el rey Jorge VI quiere inspirar al pueblo británico para que siga en combate y gane la guerra contra Hitler, debe dar un discurso sin tartamudear (problema externo), esa es una tarea que lo ha forzado a enfrentar su propia falta de confianza (conflicto interno). Los riesgos son altos. Si falla, los nazis de Hitler van a conquistar toda Europa en su intento por dominar el mundo (el bien contra el mal). Por supuesto que, para satisfacción del público, él logra dar el mensaje a la perfección y así resuelve los tres niveles de conflicto en un solo acto de armonía narrativa. ¡Que suene la música de los Oscars!

Por lo tanto, la estrategia para tu marca es hacer que tus textos de *marketing* abran bucles narrativos externos, internos y filosóficos para luego ofrecer una resolución que suponga el uso de tu producto. Por ejemplo, esta es una muestra de un texto para una empresa ficticia de pasta dental:

Quieres una sonrisa brillante, pero te preocupan los efectos perjudiciales del fluoruro que contienen las pastas dentales. Sabes que no deberías comprometer tu salud solo para blanquear tus dientes, por eso has estado buscando una alternativa mejor. Cuando te lavas los dientes con Gel Fresh, obtienes dientes limpios sin los efectos perjudiciales y te sentirás mejor con la forma en que cuidas tus dientes y a ti mismo. No deberías poner en riesgo tu salud solo para tener una hermosa sonrisa.

Desglosemos esta escena culminante en relación con la comunicación de la marca:

Externo: Necesito lavarme los dientes.

Interno: Me siento mal por lo que el fluoruro podría hacerle a mi salud.

Filosófico: No debería utilizar una pasta dental que dañe mi cuerpo.

Si hemos abierto de forma correcta los tres niveles del bucle narrativo en nuestro mensaje, entonces escribir un final para esta historia es simple: cuando te lavas los dientes con Gel Fresh, obtienes dientes limpios sin los efectos perjudiciales (externo) y te sentirás mejor con la forma en que cuidas tu salud bucal (interno), porque no deberías poner en riesgo tu salud general solo para tener una hermosa sonrisa (filosófico).

MÁS FORMAS DE CERRAR LA HISTORIA

Si quieres llevar la idea del cierre perfecto un poco más lejos, vale la pena analizar cómo resuelven las historias los expertos en narración. Luego de que una historia cierra en una misma escena los tres bucles abiertos, el héroe entra en una nueva realidad delimitada por una resolución externa o interna (o ambas) que representa un mundo nuevo.

Existen tres formas principales en que los narradores ilustran este nuevo mundo y son las que le proporcionan al héroe:

1. Más poder o mayor posición.
2. Unidad con algo o alguien que representa su plenitud.
3. Una experiencia de superación personal que también lo completa.

Lo que debemos tener en cuenta al momento de mejorar el mensaje de nuestra marca es que si estas son las resoluciones más utilizadas en las historias populares es porque son los tres deseos psicológicos dominantes que comparten la mayoría de los seres humanos.

Si tu marca puede prometer una solución que esté relacionada con uno de estos tres deseos vitales, tu guion de marca será aún más emocionante.

Esto es crucial, así que vamos a analizar estos tres deseos primarios más de cerca:

1. Ganar más poder y mayor posición (la necesidad de estatus).

Cuando estaba en la escuela secundaria, se estrenó una película llamada *Novia se alquila* en la que un simpático perdedor, Ronald Miller, se enamora de una porrista popular, Cindy Mancini. Para mi desgracia, en el guion el personaje de Ronald era tan ignorado en su escuela que muchos de los otros personajes por error lo llamaban Donald. Ya puedes imaginar las bromas que me hacían.

Sin embargo, aun así, nos encantó la película. ¿Por qué? Porque al final, por supuesto, él se queda con la chica. Pero además de eso, también escala en posición social. Después de ganarse el corazón de Cindy, se vuelve uno de los chicos con más popularidad o, mejor dicho, se da cuenta de que intentar ser otra persona es una pérdida de tiempo y desde luego que eso lo hace más popular.

En todo caso, la búsqueda de ascenso en la posición social es un deseo humano universal que se evidencia por la cantidad de historias sobre «alcanzar la madurez» en las que un personaje entiende que tiene lo necesario para jugar en las grandes ligas. Incluso los que se convencen a sí mismos de no desear tener una posición social, muchas veces aspiran al estatus que alcanzan justamente por no quererlo.

Como mencioné antes en el libro, la función primaria de nuestro cerebro es ayudarnos a sobrevivir y prosperar, y para algunos la posición social puede representar mayor seguridad en una tribu o sociedad. Por lo tanto, si nuestra marca puede ayudar a que los clientes se sientan más estimados, respetados y atractivos en un contexto social dado, es probable que estemos ofreciéndoles lo que ellos quieren.

¿Cómo puedes ofrecer estatus social con tu marca? Aquí tienes cuatro ideas:

Concede acceso: A mi esposa le encanta usar su tarjeta de membresía de Starbucks porque gana puntos, lo cual la ayuda a obtener estatus y un *latte* gratis de vez en cuando. Hemos tenido muchas conversaciones sobre lo intangible que es dicho estatus, pero aprendí a no discutir. Ella está emocionada por llegar a una especie de nivel de diamante doble espectacular, lo cual estoy bastante seguro de que significa que puede adelantarse en la fila de autos al momento de hacer su pedido.

Crea escasez: Ofrecer una cantidad limitada de un artículo específico genera sensación de escasez, y poseer algo que es escaso suele verse como símbolo de estatus. Cuando Jeep coloca una insignia que dice «Edición limitada» en la parte trasera de la Grand Cherokee, está promocionando la exclusividad de ese SUV particular de lujo para hacerlo más deseable.

Ofrece privilegios: La mayoría de las empresas obtienen setenta por ciento o más de sus ganancias de un pequeño porcentaje de clientes. Sin embargo, pocos identifican a esos clientes y les dan un título como «Preferencial» o «Miembro diamante». Me encanta ser miembro del «Club esmeralda» de la empresa de alquiler de autos National, porque eso significa que puedo evitar los trámites en el mostrador, subir directamente a un auto y marcharme. Incluso recomendamos a las marcas sin fines de lucro con las que trabajamos que utilicen un título asociado al estatus. Será más probable que una persona done si sabe que es «Donante principal» y aún más si tiene privilegios especiales como recibir directamente los informes del fundador o tener acceso a otros donantes principales en eventos exclusivos para recaudar fondos.

Ofrece asociación de identidad: Las marcas de primera línea como Mercedes y Rolex venden tanto estatus como lujo. ¿Lo vale? Depende de a quién le preguntes. Lo cierto es que la posición social abre puertas, y al asociar a su marca (y por lo tanto a sus clientes) con el éxito y la sofisticación, brindan el tipo de estatus que puede hacer que otros los admiren o hasta los envidien.

2. Una unión que haga que el héroe esté completo (la necesidad de algo externo que confiera sentido de plenitud).

Otra manera de brindar una resolución satisfactoria es que tu marca ofrezca alguna forma de percibir un sentido de plenitud. El motivo por el que las historias suelen terminar con dos amantes que se unen tiene muy poco que ver con el deseo de amor o sexo. Más bien, la unión de lo masculino y lo femenino en una historia simboliza el logro de completar algo.

Cuando el príncipe rescata a la princesa y ambos se reúnen al final de la historia, el subconsciente del público lo entiende como la conjunción de dos mitades. La idea interna es que el hombre necesita ser domado y la mujer necesita provisión y protección para que los dos se vuelvan «completos», y en este contexto «completo» significa estar a salvo y ser útil para construir una unidad familiar, que está atada a la supervivencia porque es la forma más segura de contribuir a la continuidad de nuestra especie. Por tradicional que esto parezca, la fórmula funciona para la mayoría del público que ve una película. Esta misma fórmula popular se utiliza en más de un millón de canciones de amor y, en su forma opuesta, en el millón o más de lamentos empáticos que cantan a viva voz los que no reciben nada.

Sin embargo, esta necesidad de que nos complete una fuente externa no necesariamente incluye una boda o un personaje femenino o masculino. Muchas comedias de amigos utilizan esta misma fórmula. Arnold Schwarzenegger, de manera muy cómica, representó una personalidad más femenina y refinada comparada con la de su brusco hermano interpretado por Danny DeVito en la exitosa comedia *Gemelos*. No obstante, el principio es el mismo: dos personajes adorables pero diferentes se juntan para formar una unidad completa y así cumplir el objetivo específico de sobrevivir.

La idea principal de este tipo de final es que el personaje se complete (o se equipe para derrotar a un enemigo) con alguien o algo fuera de sí mismo. Por supuesto, en las historias de amor todo gira alrededor de la unión de las características masculinas y femeninas, pero la necesidad emocional que sacia esta clase de historias es mucho mayor, porque hablan de alcanzar la plenitud a través de una provisión externa.

Por lo tanto, ¿de qué formas podemos ofrecerles ayuda externa a nuestros clientes que buscan sentirse plenos? Aquí tienes algunos ejemplos:

Reduce la ansiedad: Durante años, las marcas que vendían artículos básicos como detergente para vajillas y limpiador de vidrios presentaron a sus productos casi de forma cómica como tratamientos contra la ansiedad. En el comercial, el héroe comienza con ansiedad, alza sus manos al cielo e interroga a Dios acerca del sentido de la vida porque no puede quitar la grasa de sus ollas. Cuando utiliza el nuevo detergente para platos, su sentido de la frustración disminuye hasta que, al final, logra ver su rostro brillante y resplandeciente reflejado en la bandeja pulida recién lavada y luego se marcha caminando hacia el atardecer. ¿Qué es lo que ofrece la marca en realidad? ¿Satisfacción por un trabajo bien hecho? ¿Un sentimiento de cierre por lograr tener los platos limpios? ¿Una vida mejor y más tranquila? Todo eso. ¿Utilizar tus productos puede ayudar a aliviar el estrés y sentirse pleno? Si es así, habla de eso y muéstralo en tu material de *marketing*.

Reduce la carga laboral: Los clientes que no tienen las herramientas correctas deben esforzarse más porque están, bueno, incompletos. Sin embargo, ¿qué sucedería si una herramienta que tú ofreces pudiera suplirles lo que les falta? Ya sea que vendan carretillas, *softwares*, martillos neumáticos o artículos de pesca, los fabricantes durante décadas han designado a las herramientas como «las cosas que te convertirán en un superhumano». En este caso, debes considerar a tu marca como el personaje Q en las películas de James Bond. Tu cliente viene a tu guarida secreta y te explica su objetivo, entonces tú le revelas todas las herramientas que ofreces.

Maximiza el tiempo: Para muchos clientes el tiempo es escaso, por lo tanto, si tu producto puede concederles más tiempo, les ofreces la resolución a un problema externo que está causando una frustración interna. Nuestros clientes suelen sentir que el hecho de no poder «hacerlo todo» es una deficiencia personal, por lo tanto, cualquier herramienta, sistema, filosofía o incluso persona que pueda aumentar el tiempo disponible puede ofrecer un sentido de plenitud.

Claro que la lista podría seguir y seguir, pero la única pregunta que necesitas hacerte si quieres ofrecerle una resolución satisfactoria a la historia de tus clientes es: ¿qué hace sentir incompleto a mi cliente y cómo puedo presentar mi producto para ofrecerle plenitud? Si logras preguntar y responder esta cuestión de una manera corta y simple, tendrás una frase excelente para utilizar en tu comunicación.

3. Mayor superación o aceptación personal (la necesidad de alcanzar nuestro potencial).

Las películas como *Rudy, reto a la gloria*, *Hoosiers, más que ídolos* y *Carrozas de fuego* aprovechan el deseo humano de alcanzar el máximo potencial. Esto no solo sucede en los filmes de deportes, también *Legalmente rubia*, *La teoría del todo* y *Whiplash* muestran héroes que enfrentan desafíos trascendentales en su camino para demostrar su valor. El deseo de ser mejores alimenta la trama, y cuando logran demostrarlo, los héroes sienten paz interior y al fin pueden aceptarse, no solo porque alcanzaron su potencial, sino también porque aprendieron a respetarse a sí mismos en el camino.

No siempre es necesaria una demostración externa de valor para crear este tipo de resolución. Los héroes también pueden realizar viajes internos para llegar a la misma conclusión. Cuando Bridget Jones entiende que es demasiado buena para el jefe con el que desea tener una relación, llega a la autorrealización definitiva de que es «valiosa» y así consigue un estado de calma y estabilidad. Si bien es cierto que no cerró el bucle narrativo uniéndose con el hombre que quería, la resolución llega cuando ella abandona ese objetivo a cambio de una plenitud mayor en la aceptación de sí misma y la satisfacción personal.

En 2013, la empresa de jabones Dove lanzó una serie de cortos con la actuación de mujeres que se sentaron para que un artista forense entrenado por el FBI las dibujara. Sin ver a las mujeres, el artista debía dibujarlas guiándose por la descripción que cada una hizo de sí misma. Luego, dibujaría a la misma mujer guiándose por la forma en que un extraño la describía. El resultado fue sorprendente. Los dibujos realizados a partir de la descripción de los extraños fueron siempre más hermosos que los que se hicieron siguiendo la descripción que cada mujer hizo de ella misma. La cuestión es que muchas mujeres no se dan cuenta de lo hermosas que son. El anuncio fue un intento de ayudarlas a aceptarse y a estar más satisfechas con su belleza intrínseca. Dove actuó como el guía que ayuda al héroe a transformarse.

Ya sea por el logro de algún propósito o por alcanzar la aceptación de uno mismo tal cual es, ese camino que conduce a nuestro héroe a recuperar la alegría cumple un deseo humano universal: la autoaceptación.

¿Cómo puede una marca ofrecer autoaceptación? Aquí tienes algunas ideas:

Inspiración: Si un aspecto de tu marca puede ofrecer o asociarse con un logro inspirador, eso abre las compuertas. Marcas como Red Bull, la revista *Harvard Business Review*, Under Armour, The Ken Blanchard Company, Michelob Ultra y hasta GMC se han asociado a sí mismas con logros atléticos e intelectuales, por eso alcanzaron un sentido de realización personal.

Aceptación: Ayudar a las personas a aceptarse como son no es solo un acto de amabilidad; también es buen *marketing*. Similar a lo que hizo Dove en su campaña, American Eagle tuvo gran repercusión cuando lanzó su campaña Aerie. En dicha campaña, ellos utilizaron personas reales como modelos y se negaron a retocar las imágenes. Al abordar los problemas de imagen corporal, American Eagle fue más allá de la promoción básica de un producto y colaboró con la autoaceptación universal entre su clientela.

Trascendencia: Las marcas que invitan a sus clientes a participar en movimientos mayores ofrecen una vida de más impacto y significado. La marca de calzados TOMS se construyó un nombre al vender zapatos modernos mientras que a la vez, por cada par vendido, le regalaba uno a alguien en necesidad en lo que llamaron un modelo «uno por uno». Los que usaban sus zapatos sostenían que un factor superior al decidir hacer una compra era un sentimiento de participación en un movimiento mayor que ellos mismos. Con menos de diez años de existencia, la muy rentable marca se vendió por más de setecientos millones de dólares. Otro ejemplo de una empresa que ayuda a sus clientes a lograr un nivel de trascendencia es la marca de ropa de Daymond John, FUBU, un acrónimo de «For Us By Us» [Para nosotros por nosotros], en alusión a que la comunidad afroamericana está representada en el mercado. La marca ofrece mucho más que moda; brinda un sentido de unidad, trascendencia y espíritu emprendedor para esa comunidad. FUBU ha ganado más de seis mil millones hasta la fecha.

CIERRA LOS BUCLES NARRATIVOS

La idea detrás del módulo del éxito en el esquema SB7 es que nuestro eslogan, en esta categoría, ofrezca cerrar un bucle narrativo. Los seres humanos buscan soluciones para sus problemas externos, internos y filosóficos, y pueden lograrlo, entre otras cosas, por medio del estatus, la autorrealización, la aceptación de sí mismos y el sentido de trascendencia. Si nuestros productos pueden ayudarlos a lograr alguna de esas cosas o todas, deberíamos dejar constancia de ello en nuestro guion de marca de StoryBrand.

HAZLO SIMPLE

Darle un cierre a un bucle narrativo es mucho más simple de lo que piensas. Incluso agregar personas sonrientes y felices en tu sitio web es una forma efectiva de representar ese posible cierre. La gente quiere ser feliz y las imágenes de personas felices dan un indicio de que tu producto cumplirá lo que promete.

Si vendes alfombras, una resolución exitosa podría ser una imagen de una habitación hermosa o resumirse en la frase «Una habitación que al fin se sienta terminada». Si vendes helado, podría ser «Un rico y cremoso bocado del cielo». ¿Vendes elementos para acampar? Esta es una frase que puedes utilizar en la etiqueta de tus productos: «Siempre preparado para la aventura».

Si bien he sido un poco filosófico en este capítulo, trata de no pensar de más. ¿Qué problema de la vida de tu cliente resuelves y cómo se ve esa solución una vez que compran tus productos? Apégate a las respuestas básicas, porque ellas son las que de verdad funcionan. Luego, cuando tengas frases poderosas y contundentes, comienza a indagar con más profundidad en los niveles de problemas que tu marca resuelve. No necesitas elaborar frases externas, internas y filosóficas desde el principio. Solo piensa en una oración que proclame a voces la resolución y luego pule el lenguaje mientras mejoras tu comunicación de *marketing*.

La idea más importante en esta sección es que necesitamos mostrar de forma reiterada que nuestros productos o servicios pueden mejorar la vida de alguien. Si no le informamos a la gente hacia dónde queremos llevarlos, ellos no nos seguirán. Una historia tiene que ir hacia algún lugar.

¿Les has dicho a tus clientes a qué tipo de vida quieres guiarlos?

A continuación, veamos el mayor motivador que tiene nuestro cliente para hacer una compra: el deseo de convertirse en alguien diferente. No obstante, antes debes pensar en ideas de frases para la sección del éxito de tu guion de marca.

CLARIFICA TU MENSAJE PARA QUE LOS CLIENTES TE ESCUCHEN

- Dirígete a StoryBrand.AI y crea un guion de marca de StoryBrand o inicia sesión en tu guion existente.
- Haz una lluvia de ideas para pensar resoluciones exitosas que puedes ayudar a tus

Y al final tiene éxito

clientes a conseguir. ¿Cómo serían sus vidas si utilizaran tus productos y servicios?

- Emplea las líneas del módulo del éxito de tu guion de marca para plasmar tus mejores respuestas.

CAPÍTULO 11

LA GENTE QUIERE QUE TU MARCA PARTICIPE EN SU TRANSFORMACIÓN

Aunque hayas completado los elementos principales de tu guion de marca de StoryBrand, tal vez hayas notado que aún falta algo. Ese elemento final servirá como un arco del personaje general para la aventura de tu cliente. De hecho, si bien hemos hablado de lo que el héroe quiere, sus desafíos y la solución positiva que puede darle tu marca, solo hemos mencionado de forma superficial la motivación principal de tu cliente para realizar una compra. Ese factor de motivación es la fuerza motora secreta de casi todas las decisiones que tomamos como seres humanos. Hay cierto deseo interno del que no podemos escaparnos, ya sea para comprar muebles de jardín o para elegir a una pareja.

Me refiero al deseo humano de *transformación*.

Todo el mundo quiere un cambio. Todos ansían ser alguien diferente, alguien mejor, o tal vez solo alguien que se acepte más a sí mismo. Ese deseo de transformación forma parte de nuestro diseño. Los seres humanos comenzamos siendo bebés pequeños que aprenden los colores, los olores, los sonidos y el apego. A medida que crecemos, empezamos a participar en juegos en los que somos animales, guerreros, princesas o hechiceros. Desde el principio de nuestra vida anhelamos crecer, cambiar, adaptarnos y desarrollarnos. Este anhelo, por cierto, no se detiene nunca, sigue despierto hasta el final de nuestros días. Si bien sabemos que no podemos convertirnos en hechiceros, sí queremos ser una versión de nosotros mismos que sea cada vez mejor. Por eso, las marcas que nos ofrecen ser parte de este deseo universal tan arraigado y que logran darnos una identidad aspiracional muchas veces crean embajadores de una marca.

¿Alguna vez te preguntaste cómo logró Taylor Swift crear fanáticos tan apasionados? Su música es solo una parte de la historia. La mayoría de las chicas se identifican con su fuerza, frescura, disposición para compartir, generosidad, en síntesis, con su identidad. En resumen, ella representa una clase de persona que muchas jovencitas aspiran a ser, y eso no es algo malo. Lo mismo puede decirse de cualquiera de nuestros héroes deportivos, actores, humoristas favoritos e incluso muchos líderes mundiales. Nuestro subconsciente siempre está buscando ejemplos a seguir y cuando los encontramos, a nuestra mente primitiva de alguna manera le cuesta separarlos de nosotros mismos. ¿Por qué la gente se pone tan a la defensiva cuando hablan mal de sus héroes? En su mente, no solo estás ofendiendo a una figura pública, sino a esa parte de ellos que ha ligado su identidad a esa persona. No solo estás insultando a Taylor Swift, sino a millones de personas que quieren ser (o tal vez son) como ella. Si no me crees, abre la aplicación de tu red social favorita y haz un comentario de la mala elección de zapatos que hizo la cantante hoy. Un grupo de adolescentes te va a colgar en la plaza del pueblo de inmediato y liderando una tropa de caballos adornados con pedrerías arrastrarán tu cuerpo por las calles.

Cambiemos de tema por seguridad personal. Cuando observes bien tu guion de marca, verás que el arco del personaje va tomando forma. Tu marca ya está ayudando a las personas a ser una mejor versión de sí mismas, lo cual es algo hermoso. Estás contribuyendo para que tus clientes sean más sabios, estén mejor equipados, tengan mejor estado físico, se sientan más aceptados y más en paz. Te guste o no (esperemos que sí), todos somos partícipes de la transformación de nuestros clientes, que es exactamente lo que ellos quieren que hagamos.

Como ya mencioné, quienes participan en la trasformación de la identidad de sus clientes crean embajadores apasionados de esa marca. ¿Quieres que aquellos que hablan mal de tu marca sean colgados en la plaza y arrastrados por las calles por un ejército montado sobre personajes de My Little Pony? Sigue leyendo.

EL DESEO DE TRANSFORMACIÓN ES MUY PROFUNDO

Por lo general, al comienzo de una historia el héroe tiene defectos, duda mucho de sí mismo y no está preparado para la tarea que tiene por delante. Frente a ese gran conflicto, encuentra a un guía misterioso pero competente que lo ayuda en su aventura. Entonces, el conflicto comienza a fortalecer al personaje. Como se ve obligado a actuar, el héroe desarrolla habilidades y acumula la experiencia necesaria para derrotar al enemigo. Aunque sigue lleno de dudas, reúne valor para empezar a luchar y derrotar al villano en una escena culminante. De esta manera, demuestra de una vez por todas que ha cambiado y que ahora es capaz de enfrentar desafíos en una mejor versión de sí mismo. Esto revela que la historia todo el tiempo se trató de su transformación.

Por cierto, este mismo arco del personaje aparece en *El viejo y el mar*, *Orgullo y prejuicio*, *Pinocho*, *Hamlet*, *La bella durmiente*, *El lago de los cisnes*, *Tommy Boy* y miles de historias populares más. ¿Por qué? Porque se trata de nuestra propia historia. Dudar de uno mismo es un sentimiento universal, al igual que el deseo de convertirse en alguien competente y valiente. Todo esto es muy importante en los mensajes que creamos para hablar de nuestros productos y servicios.

Si queremos redactar frases que hablen de la transformación de la identidad, hay algunas preguntas importantes que pueden ayudarnos a obtener respuestas efectivas. ¿En quién quiere convertirse nuestro cliente? ¿Qué tipo de persona necesita ser para resolver su conflicto? ¿Qué características describirían de forma más efectiva la identidad que tu cliente aspira tener?

LAS MARCAS INTELIGENTES DEFINEN UNA IDENTIDAD A LA QUE SE ASPIRA

Hace poco fui a comprar un detector de vigas para poder instalar una estantería en el garaje. En la sección de herramientas, junto con los detectores de vigas, había una colección de navajas Gerber. Se trata de una empresa de Portland, Oregon, que en su campaña comercial le ofrece al comprador mucho más que una navaja. Ellos venden algo intangible, una identidad, con lo cual quiero decir que venden la idea de que tú y yo podemos convertirnos en un tipo de persona específica. Había visto los comerciales de Gerber durante mucho tiempo, y aunque sabía muy bien lo que intentaban lograr en mi subconsciente, quería comprar una de todas formas. *Pero ¿por qué?*, pensé mientras las observaba allí de pie. *Soy un escritor. Para lo único que necesito una navaja es para hacer un sándwich de mantequilla de maní y mermelada.*

Aun así, la atracción era evidente. ¿Y si alguna vez tenía que nadar por debajo de un bote para cortar una cuerda enredada en la hélice o cortar la pierna de mis pantalones vaqueros ensangrentados con el fin de hacer un torniquete para mi brazo herido? ¿Y si los fanáticos de Taylor Swift me metieran dentro de una bolsa de arpillera y me arrojaran desde un muelle? ¿No sería útil tener una navaja así para hacer un corte en la bolsa y liberarme?

Por suerte, mi cerebro ejecutivo es más fuerte que el primitivo y salí de allí solamente con el detector de vigas. Sin embargo, ¿por qué fue tan difícil? ¿Por qué quería tanto esa navaja? ¿Por qué cambié de opinión y regresé a comprarla de todas maneras? Sin duda, fabrican productos excelentes, pero hay muchas otras empresas que también los hacen y nunca me interesó o les presté atención.

El motivo por el que quería la navaja es simple: Gerber definió una identidad a la que sus clientes aspiran y luego asoció sus productos a esa identidad. Un cliente de Gerber es fuerte, aventurero, valiente, proactivo y capaz de hacer un trabajo difícil. En su campaña publicitaria «Hola, Problema», Gerber representaba a su cliente como el tipo de persona que navega veleros en medio de tormentas, monta toros, rescata a la gente de inundaciones, y sí, también corta cuerdas enredadas en hélices de botes. En sus comerciales de televisión presentan imágenes de estas figuras heroicas que aspiramos ser con música triunfante, mientras que un narrador recita los siguientes versos:

Hola, Problema.

Hace tiempo que no nos veíamos.

Pero sé que sigues ahí.

Y presiento que me estás buscando.

Deseas que te olvide, ¿no es cierto, Problema?

Tal vez eres tú el que se olvidó de mí.

Tal vez tenga que ir a buscarte y recordarte quién soy.[1]

El comercial es excelente. Para mi sorpresa, un día vino a visitarme a mi casa un antiguo alumno de StoryBrand, que es uno de los miembros del Regimiento Ranger que inspiró la película *La caída del Halcón Negro*. Conversamos por un momento y luego me dio un pequeño regalo de agradecimiento: una navaja Gerber. Hasta le había grabado mi nombre en el filo. Él sabía que me gustaba el comercial y por eso me la trajo de regalo. Hasta el día de hoy, la tengo en el panel de mi Land Cruiser FJ40 de 1978. A veces entro con la navaja a mi casa, miro al frasco de mantequilla de maní y le digo: «Hola, Problema».

Tal vez solo sea un escritor, pero amo esa navaja.

Déjame hacerte una pregunta. ¿La navaja que compré fue una pérdida de dinero? Es decir, supongamos que pagué por ella cuarenta dólares y nunca la usé. ¿Me estafaron?

Le he preguntado eso a cientos de personas que conocen el esquema StoryBrand de comunicación y la respuesta siempre fue la misma: no. No fue un desperdicio de dinero. Los cuarenta dólares valieron la pena. Estoy completamente de acuerdo. La verdad es que cuando compro una navaja Gerber, obtengo algo más que una navaja. De alguna manera, la marca me ayuda a convertirme en una mejor persona. Ellos definieron una identidad aspiracional y me invitaron a ser parte de ella. La navaja me hizo sentir más fuerte, más aventurero, e incluso generó un gran momento entre dos amigos. Y eso vale mucho más que cuarenta dólares.

¿CÓMO QUIERE TU CLIENTE QUE LO DESCRIBAN?

La mejor forma de definir una identidad aspiracional que atraiga a nuestros clientes es teniendo en cuenta cómo quieren que sus amigos hablen de ellos. Piensa en esto. Cuando otros hablen de ti, ¿qué te gustaría que dijeran? La forma en que respondemos a esa pregunta revela quiénes queremos ser.

Lo mismo sucede con nuestros clientes. En lo que respecta a tu marca, ¿cómo quiere tu cliente que lo perciban sus amigos y su familia? ¿Puedes ayudarlo a convertirse en ese tipo de persona? ¿Algún aspecto de tu producto participa en la transformación de su identidad? Si ofreces asesoramiento ejecutivo, ellos tal vez quieran ser considerados competentes, generosos y disciplinados. Si vendes equipamiento deportivo, es probable que quieran ser vistos como personas activas, en forma y exitosas en su actividad atlética.

Una vez que sepamos quién quiere ser nuestro cliente, tendremos el lenguaje adecuado para utilizar en nuestros mensajes, blogs, publicaciones y todo tipo de material de comunicación.

UN GUÍA OFRECE MUCHO MÁS QUE UN PRODUCTO Y UN PLAN

Asumir el papel de guía no solo es una estrategia de *marketing;* es una posición del corazón. Cuando una marca se compromete a ayudar a sus clientes a definir su ambición heroica; a resolver sus problemas externos, internos y filosóficos; y a inspirarlos con una identidad aspiracional, logra mucho más que solo vender productos: también cambia vidas. Los líderes que se interesan más por cambiar vidas que por vender productos tienden a hacer bien ambas cosas.

El año pasado, StoryBrand trabajó junto a Dave Ramsey y su equipo. Ramsey Solutions debe ser el mejor ejemplo que conozco de una empresa basada en la narrativa, y Dave mismo es un ejemplo magnífico de guía. Durante una serie de talleres, cenas y discursos, le presentamos el esquema SB7 a su equipo no tanto para enseñarles, sino más bien para darle un nombre a lo que ya estaban haciendo.

Dave Ramsey es el conductor de uno de los programas de radio más grandes de Estados Unidos y tiene más de ocho millones de oyentes diarios. En su programa brinda consejos y estrategias financieras, en especial para abordar y controlar las deudas personales. Sin embargo, a diferencia de otros asesores, él no solo brinda sabiduría, sino que también ofrece un mapa narrativo del que sus clientes pueden ser parte. Al regresar de cada pausa en su programa de radio, pronuncia la misma frase: «Bienvenidos otra vez a *The Dave Ramsey Show* [El *show* de Dave Ramsey], donde la deuda es tonta, el dinero en efectivo es el rey, y el pago total de la hipoteca de tu casa es el símbolo de estatus que reemplazó al BMW». Ahí están presentes todos los elementos de una historia, junto con una identidad que adoptar y un nuevo símbolo de estatus social que combina con esa identidad.

Aunque el rostro de Dave aparece en la portada de los libros y los carteles que promocionan su programa, él nunca se pone en el lugar del héroe, sino que tiene casi una obsesión con la historia de sus clientes. La forma en que Dave comprende los problemas externos de sus oyentes (deudas de consumo y analfabetismo financiero), los internos (confusión y desesperanza) y los filosóficos (empresas de tarjetas de crédito a las que no les interesa tu bienestar económico y te venden deudas que no puedes pagar) hace que ellos sean parte de una historia viva. Dave siempre es entretenido y nunca pierde la oportunidad de alentar a sus oyentes a que tengan esa identidad aspiracional, incentivar su progreso y recordarles que vencer sus desafíos financieros les ayudará a dar el salto hacia una transformación personal.

En resumen, él ofrece una escena culminante espléndida para la historia de sus clientes. Luego de que los oyentes llevan a cabo un plan que les proporciona mediante su Universidad de Paz Financiera, los invita a su programa para dar un «grito de libertad financiera». La gente viaja miles de kilómetros para aparecer en el programa y, cuando llegan, todo el equipo de Ramsey rodea a los nuevos héroes con aplausos al grito de: «¡Somos libres de las deudas!».

Cuando un oyente ha terminado la aventura, Dave le recuerda que ha cambiado, ahora es diferente, y puede lograr todo lo que se proponga si lo hace con dedicación.

LA OBSESIÓN DE LAS GRANDES MARCAS CON LA TRANSFORMACIÓN DE SUS CLIENTES

Cuando conocí a Dave, me sorprendió que no supiera que revalidar la transformación del héroe era una escena que se incluía al final de muchas historias. Es decir, lo sabía de manera intuitiva, pero nunca se había dado cuenta de que era un punto de la trama en cientos de historias. Después de la escena culminante (el grito de libertad financiera), el guía vuelve para revalidar la transformación del héroe, diciéndole que ahora es una persona mejor y diferente.

Al final de *La guerra de las galaxias: Una nueva esperanza*, el fantasma de Obi-Wan se para junto a Luke Skywalker mientras recibe la recompensa por su valentía. En *El discurso del rey*, Lionel le dice al rey Jorge que efectivamente será un gran rey. Peter Brand se sienta junto a Billy Beane en la película *El juego de la fortuna* y le informa que ha logrado tener un gran éxito como gerente de los A's.

El propósito principal de estas escenas es marcar la transformación que ha sufrido el héroe para que el público tenga un punto de referencia que contraste al personaje actual con el del principio de la historia. La audiencia necesita que le muestren de forma explícita cuál ha sido el camino del héroe, en especial porque suele luchar contra dudas que lo paralizan hasta el final y no se da cuenta de lo mucho que ha cambiado.

Debemos tener en cuenta este principio: un héroe necesita que alguien más ingrese en la historia y le señale que se ha transformado. Ellos no ven su propia transformación de forma intuitiva, precisan que otro la valide y ese alguien es el guía. Ese alguien eres tú.

Hay cientos de miles de asesores financieros y miles de ellos han escrito libros. Cientos de esos que escribieron libros tienen un pódcast o programa de radio. Sin embargo, Dave Ramsey disfruta de una mayor popularidad. ¿Por qué? Bueno, sin dudas sus consejos son buenos. A nadie le atrae la incompetencia. Pero estoy seguro de que su particularidad se debe a que describe el viaje de su cliente como una historia, se involucra en ella y luego revalida su transformación. Además, su mensaje es claro, formado por frases cortas y sencillas que repite desde hace muchos años.

TRANSFORMACIÓN DE LA IDENTIDAD

En el módulo final de tu guion de marca StoryBrand, hemos incluido una sección que te permitirá definir una posible transformación de identidad para tu cliente a medida que se relaciona con tu marca.

¿En quién quiere convertirse tu cliente al utilizar tus productos y servicios?

En StoryBrand deseamos que nuestros clientes se conviertan en comunicadores claros y precisos. Cuando terminen de leer este libro o finalicen su tiempo con uno de nuestros asesores certificados, anhelamos que regresen a sus oficinas y la gente se pregunte qué les sucedió. ¿Cómo se volvieron tan entendidos en la comunicación? ¿Cómo lograron tener sus pensamientos tan claros? ¿Por qué sus ideas de comunicación son tan buenas? ¿De pronto tienen un doctorado en persuasión de la noche a la mañana?

Las marcas que entienden que sus clientes son seres humanos llenos de emociones, que quieren transformarse y necesitan ayuda en realidad hacen más que solo vender productos. Dave Ramsey cambia a la gente, al igual que Apple, TOMS y Gerber. No me sorprende que marcas como estas tengan fanáticos tan apasionados y funcionen tan bien en el mercado.

El enunciado que debes completar para definir una transformación de identidad para tus clientes es este: ayudamos a nuestro cliente a ir de «X» a «Y». Déjame explicártelo mejor.

EJEMPLOS DE TRANSFORMACIÓN DE IDENTIDAD

Miles de usuarios de StoryBrand han definido una identidad aspiracional para sus clientes y comenzaron a ser partícipes de su transformación. Gracias a esto, cada vez más empresas no solo están haciendo del mundo un lugar mejor gracias a sus productos y servicios, sino que están mejorando la forma en que sus clientes se ven a sí mismos. Ofrecer una identidad aspiracional le agrega un valor enorme a todo lo que brindamos.

Aquí tienes algunos ejemplos de identidades aspiracionales para clientes de StoryBrand como tú:

MARCA DE ALIMENTO PARA MASCOTAS
De: Dueño sin iniciativa de un perro
A: Héroe de cualquier perro

ASESOR FINANCIERO
De: Confundido y mal preparado
A: Competente e inteligente

MARCA DE CHAMPÚ
De: Ansioso y triste
A: Despreocupado y radiante

¿Has pensado en quién quieres que se convierta tu cliente? Ser partícipe en la transformación de esa personas puede darle una vida y un sentido nuevos a tu negocio. Cuando identificas una identidad aspiracional para tus clientes, tu marca no solo los cambiará a ellos, sino que comenzará a inspirar y a unir a tu propio equipo. Cuando tu equipo entienda que venden mucho más que productos, es decir, que guían a las personas a creer más en sí mismas, su trabajo será mucho más significativo.

Dedica un tiempo a pensar quién deseas que tu cliente llegue a ser. ¿Cómo puedes lograr que se vea mejor a sí mismo?

¿Cómo consigues participar con tu marca en la transformación de la identidad de tus clientes?

CLARIFICA TU MENSAJE PARA QUE LOS CLIENTES TE ESCUCHEN

- Dirígete a StoryBrand.AI y crea un guion de marca de StoryBrand o inicia sesión en tu guion existente.

- Piensa en la identidad aspiracional de tu cliente. ¿En quién se quiere convertir? ¿Cómo desea que los demás lo vean?

- Utiliza el espacio de tu BrandScript donde dice «A» para definir una identidad aspiracional. Completar el espacio donde dice «De» será entonces más simple. Sencillamente es lo opuesto a lo que definiste primero.

| Transformación del personaje | De: | A: |

CAPÍTULO 12

DEFINE TU IDEA CENTRAL

¡Felicitaciones! Ahora ya tienes listo tu guion de marca de StoryBrand, lo cual significa que cuentas con siete categorías de frases cortas que puedes repetir una y otra vez para hacer que tu negocio crezca. Créeme, te encantará ver lo rápido que ellas pueden atraer la atención de los clientes. De seguro tendrás más pedidos.

Sin embargo, luego de ayudar a miles de negocios con el esquema StoryBrand, me di cuenta de que todavía había un elemento que faltaba. Lo añadí en esta nueva edición porque creo que resulta fundamental. De hecho, esta frase en específico es tan importante que, si solo elaboras este pequeño fragmento de texto, tu negocio crecerá de forma significativa. ¿Y cuál es ese elemento? Lo llamo la *idea central*.

Una buena campaña comienza y termina con una idea central. La primera vez que oí este término fue cuando estaba investigando cómo escribir un guion y la idea me resultó útil no solo para escribir historias, sino también para escribir libros y hasta bocetos para páginas web. Una idea central responde a la siguiente pregunta: ¿de qué se trata la historia? *El rey león*, la película de Disney, es una reinterpretación de *Hamlet* de Shakespeare en muchos aspectos, y la idea central podría ser: un león joven debe reunir la confianza necesaria para enfrentar a su tío malvado que asesinó a su padre, tomar su lugar de rey legítimo y así restituir el orden y la vida en su tierra natal.

Después de que un narrador o guionista determina su idea central, *debe* someter todo el resto del texto a esa idea específica para que la historia pueda decir algo importante y conectar con el público. Si tu idea central es que un perro perdido regresa a su hogar con su familia, quienes se dan cuenta de lo mucho que amaban a ese animal que antes habían descuidado, no deberías incluir escenas de un crítico gastronómico que intenta abrir su propio restaurante. De seguro, ambas pueden ser historias entretenidas, pero cuando mezclamos argumentos el público tiene que quemar demasiadas calorías mentales para intentar entender de qué se trata la historia. En resumen, hay que dejar a un lado las tramas secundarias, pues una historia poderosa solo soporta una trama principal.

Sin duda, una historia puede presentar muchas ideas que a veces son subjetivas, pero son pocas las historias exitosas en términos comerciales en las que la trama está sujeta a interpretación. Aquellas que se centran solo en un tema, tal como «un perdedor que tiene su momento de gloria» o «el bien que triunfa sobre el mal», son mucho más atractivas para el público, por la única razón de que necesitan consumir menos esfuerzo mental para entenderlas y disfrutarlas.

La claridad de la idea central en una narrativa se relaciona con tu marca de una forma muy simple. Si miro tu material de *marketing* durante dos minutos, necesito entender la idea principal que intentas comunicar y ser capaz de repetirla con claridad.

Por ejemplo, uno de los clientes de mi grupo de asesoría es Jeff Tomaszewski, dueño de la franquicia de gimnasios MaxStrength Fitness. Mientras revisaba el sitio web de Jeff y su material de *marketing*, no logré entender lo que diferenciaba a su gimnasio de los otros miles que hay en Estados Unidos.

«¿Qué es lo que distingue a tu gimnasio?», le pregunté a Jeff.

«Bueno», dijo él, «lo que nos hace diferentes, creo, es que nuestros entrenadores trabajan con nuestros clientes solo durante veinte minutos y dos veces a la semana. Se enfocan en el entrenamiento de resistencia más que en el cardio, los ejercicios son desafiantes pero cortos y los resultados son increíbles».

«¿Entonces es un programa para personas ocupadas que no tienen tiempo para vivir en el gimnasio?», le pregunté.

«¡Exacto!», respondió.

Después de averiguar si ya tenía una franquicia en Nashville (porque quise apuntarme de inmediato), le pregunté por qué esa idea central no estaba expresada en toda su página web. De hecho, la idea de que un cliente podría obtener resultados entrenando solo veinte minutos dos veces a la semana estaba semienterrada más abajo, encapsulada en un texto casi al final de la página.

Analizar su sitio web me recordó lo importante que es una idea central en cualquier campaña de comunicación o *marketing*. En el contexto de la comunicación, esta es la idea que quieres que más recuerde tu público, y como tal tu mensaje debe presentarse como un ejercicio de memorización. En otras palabras, una vez que elaboras la idea central, debes repetirla tantas veces que tu público la sepa casi de memoria. Para Jeff, la idea central era: «Entrena veinte minutos, dos veces a la semana». Eso debía estar claro en el encabezado y repetirse en cada sección de su sitio web, en el título del captador de clientes, en el subtítulo, en cada correo electrónico que se enviara posterior a su descarga, en la sección «Conócenos», en el video «Mensaje de nuestro CEO», en los testimonios de nuestros clientes, y la lista continúa. Si me preguntas a mí, ese mensaje resumido en «veinte minutos, dos veces» podría estar impreso en gorras, tazas, camisetas y pancartas arrastradas por aviones que surcan el cielo.

Una idea central necesita ser una idea completa, pero podemos dejarla como «veinte minutos, dos veces» si es que el pensamiento ya se explicó de forma más extensa tantas veces como para que la gente comprenda lo que significa la versión abreviada.

¿HAS DEFINIDO UNA IDEA CENTRAL?

La mayoría de los negocios pequeños no ha establecido su idea central, y por lo tanto transmiten un mensaje confuso en el mercado. Si observo tu material de *marketing*, ¿podría decir cuál es tu idea central o, lo que es más importante, si acaso tienes una? Si no es así, tienes una oportunidad increíble de hacer crecer tu negocio agregando claridad en tus mensajes de correo electrónico, tu material publicitario y, sobre todo, de boca en boca.

¿Cómo puedes definir tu idea central? Ya lo has hecho. Si has creado un guion de marca de StoryBrand, tu idea central está justo delante de tus ojos. Léelo y pregúntate: «¿De qué se trata esta historia en verdad?», o aún mejor: «¿Cuál es la moraleja de la historia a la que invito a mis clientes?». ¿Acaso es: «No deberías pagar más por un seguro para tu vehículo» o «La mantequilla de maní natural no debería saber a cartón»? Sea cual sea, tu idea central es *el punto* que intentas enfatizar en todo tu material de comunicación.

Lo óptimo es tener una sola idea central que esté expresada de forma simple y fácil de entender. El guion de marca obliga a tu historia a mantenerse sencilla y clara. La idea central debería recibir una reacción positiva de parte de los clientes (sin necesidad de que tengas que explicarla) y tendría que repetirse varias veces a lo largo de toda la página. Recuerda que la buena comunicación es un ejercicio de memorización, lo cual significa que debes intentar que recuerden tu idea central para que puedan repetirla a sus amigos y que tu negocio crezca. En resumen, redactar textos cortos y simples que se repitan palabra por palabra, una y otra vez, es una estrategia eficaz de comunicación.

Tu idea central es tan importante que la he agregado a las herramientas de tu guion de marca de StoryBrand. Verás un espacio para ella al final de todo en StoryBrand.AI. Siéntete libre de editarla y perfeccionarla a medida que desarrolles la historia de tu marca en tu mente.

Si te sirve de ayuda, puedes utilizar nuestra herramienta de inteligencia artificial que se encuentra en StoryBrand.AI para definir y redefinir tu idea central. Si eliges tomar solo una cosa de este libro, por favor que sea esto de especificar tu idea central y emplearla con frecuencia. Si lo haces, recuperarás mil veces más del dinero que has invertido en este libro.

En la siguiente sección, voy a guiarte en un proceso para utilizar tu mensaje claro en todo tu material de *marketing* y comunicación. Sin embargo, por ahora, dedica un momento a determinar una idea central para tu marca. ¿Qué es lo que te diferencia de tus competidores? ¿Cuál es la idea que más rápido clarificará tu oferta? ¿Qué frase quieres que tus clientes repitan para hablarles de tu marca a otros? Estas son las preguntas que deberías tener en cuenta cuando pienses ideas para esta sección de tu guión de marca.

CLARIFICA TU MENSAJE PARA QUE LOS CLIENTES TE ESCUCHEN

- Dirígete a StoryBrand.AI y crea un guion de marca de StoryBrand o inicia sesión en tu guion existente.
- Por medio de una lluvia de ideas, piensa en distintas frases para la idea central de tu marca. ¿Cuál es la moraleja de la historia a la que invitas a tus clientes? ¿Cuál es la idea principal que quieres que comunique tu guion de marca?
- Utiliza el espacio que hay en la línea «idea central» para registrar esta frase nueva y significativa.

Idea central: _____

PARTE 3

PON EN PRÁCTICA TU CAMPAÑA DE MENSAJES Y *MARKETING* DE STORYBRAND

CAPÍTULO 13

CÓMO REALIZAR UNA CAMPAÑA DE COMUNICACIÓN PERFECTA CON STORYBRAND

Si implementamos nuestro guion de marca StoryBrand en una campaña de *marketing* y comunicación, veremos que nuestros clientes se involucrarán cada vez más. El guion que has completado debe aparecer en los sitios web, las campañas de envíos masivos de correos electrónicos, tus minipresentaciones y los discursos de ventas. Si deseas que tu negocio crezca, debes repetir las frases que has creado una y otra vez durante los próximos años.

Cuanto más implementes el guion de marca en tu material de *marketing* y comunicación, más personas entenderán por qué necesitan tus productos y servicios, y comenzarán a hacer sus pedidos.

Te sorprendería lo fácil que es engañarse a uno mismo pensando que solo porque hemos hecho el mensaje más nítido los clientes pueden leernos la mente. Seamos sinceros: tu mensaje es claro para ti, pero hasta que no lo digas y lo repitas una y otra vez, no será evidente para nadie más. Para obtener resultados, tu mensaje debe estar claro en la mente de los demás.

Este es, entonces, el objetivo de una campaña de comunicación. Si estás en campaña para un cargo público, tu trabajo es instalar tu mensaje claro en la mente del cuerpo político. Si estás construyendo una marca, tu trabajo es actuar como si tus productos y servicios fuesen candidatos a las elecciones.

Hace algunos años me pidieron que fuera a la sede de uno de los principales candidatos presidenciales. Este hombre había sido gobernador de un estado importante, por eso entró en la campaña ya con un liderazgo sólido y los votos asegurados de su propio territorio. Tenía un nombre reconocido a nivel nacional, más de cien millones de dólares detrás de su campaña y todo el apoyo de su partido político. Sin embargo, estaba experimentando dificultades porque su campaña disminuía en las encuestas mes a mes.

Cuando me reuní con su equipo, les presenté el esquema StoryBrand e hice énfasis en el motivo por el que su candidato necesitaba repetir frases contundentes que expresaran lo que el país necesitaba; que definieran los problemas más grandes de nuestra nación desde una perspectiva externa, interna y filosófica; que lo posicionaran como el guía y al cuerpo político como el héroe; que explicaran un plan simple de tres pasos; que ilustraran una imagen clara de un futuro brillante; que advirtieran las consecuencias negativas de desperdiciar el voto en otro candidato; que ofrecieran una identidad aspiracional al país; y, por último, que elaboraran una frase central que afirmara que votar por él era la decisión correcta.

Tristemente, el liderazgo de la campaña me explicó que su candidato no era «el tipo de hombre que usa frases hechas». Más bien, me dijeron que era un académico. Había escrito libros acerca de sus ideas políticas, era auténtico e inteligente. Se sentía más cómodo en una reunión pública respondiendo preguntas de manera espontánea y creía en la importancia de los matices. Él quería participar en reuniones, estudiar los distintos asuntos y hacer planes para resolver los mayores problemas de Estados Unidos. Para ser franco, cuanto más describían a su candidato, más creía yo que debía ser presidente. Y también cuanto más lo describían, más entendía que nunca lo iba a ser. Y así se los hice saber.

«Están haciendo todo lo posible con el objetivo de preparar a este hombre para ser presidente y no están haciendo nada para que sea electo», les dije.

Esta misma dinámica bien puede sucederte a ti con tus productos y servicios. Te has tomado el trabajo de generar productos y servicios estupendos, y eres capaz de cumplir. Pero crear productos geniales y poder hablar de ellos de manera efectiva son dos habilidades completamente diferentes. La idea de que «si lo construyes, vendrán» puede funcionar para invocar espíritus en un campo de béisbol en Iowa, como en la película *Campo de sueños*, protagonizada por Kevin Costner, pero no para que tu negocio crezca. Para vender productos y servicios, debes crearlos y hablar de ellos. Y cuando hayas terminado de hablar de ellos, debes hacerlo de nuevo. Y otra vez.

Después de diez años ayudando a marcas a clarificar su mensaje, he llegado a la conclusión de que las personas tienen que leer o escuchar tu mensaje unas ocho veces antes de interiorizarlo y responder a él. Como si esto fuera poco, la gente descarta la mayoría de los mensajes comerciales, por lo tanto, tienes que repetir tu mensaje claro una y otra vez para que sea escuchado al menos en una ocasión. Por ejemplo, si la gente ignora el noventa por ciento de todos los mensajes comerciales, tendrás que reiterar tu mensaje unas ochenta veces para que alguien lo oiga ocho veces. Necesitas expresarlo de forma bien clara en tus minipresentaciones, introducirlo en las conversaciones, repetirlo en tu sitio web, mencionarlo en tus captadores de clientes, contarlo en videos de YouTube, imprimirlo en los productos promocionales, plasmarlo en la pared de tu establecimiento de ventas, escribirlo en todos tus mensajes y escucharlo de la boca de tus vendedores. Tu mensaje debe comunicarse en cualquier anuncio digital que crees, en la introducción o el cierre de un pódcast, en las palabras de presentación, y así sucesivamente. Dicho de otro modo, tu mensaje claro va a necesitar de una campaña.

Esta tercera parte de *StoryBrand 2.0* te brindará pasos concretos y prácticos que pueden dar tanto las empresas pequeñas como las grandes para poner en práctica su guion de marca en todo el material de comunicación y *marketing*. Sin importar que seas un negocio familiar, una empresa emergente, una marca personal, una organización multimillonaria o incluso un candidato a presidente, en los próximos capítulos te mostraré las lecciones que hemos aprendido de miles de empresas que han creado y ejecutado de forma efectiva su guion de marca de StoryBrand para ver resultados radicales. Sin embargo, el primer paso es simple: habla de forma diferente.

CLARIFICA Y MEMORIZA
TUS FRASES CLAVE

Deja de dar rodeos. Cuando hables de tu marca, debes saber lo que vas a decir mucho antes de que te pidan que lo hagas. No improvises ni inventes sobre la marcha. Pronto descubrirás que cuando utilices las frases que has creado para referirte a tu marca, la gente prestará atención.

Hace unos años inventé mis propias frases de guion de marca para describir StoryBrand. Noté que cuando repetía mis frases, la gente se interesaba y, para ser franco, ese interés no siempre era bienvenido. Si alguien sentado junto a mí en un avión me preguntaba a qué me dedicaba en mi trabajo, le respondía con mi frase y luego tenía que pasar el resto del vuelo mirando su sitio web o reescribiendo el discurso que esta persona estaba a punto de dar a la audiencia que lo esperaba cuando bajara del avión. Mi encuentro favorito fue con un conductor de Uber. Él me había recogido del aeropuerto de Baltimore y me estaba llevando a las oficinas de mi cliente a solo unos kilómetros de distancia. Sabía que no íbamos a estar mucho tiempo en el auto, así que cuando me preguntó a qué me dedicaba, decidí poner a prueba la efectividad de mi frase: «A veces, los líderes empresariales tienen grandes ideas y buenos productos, pero no saben cómo hablar de ellos para que la gente les preste atención. Cuando no se les ocurren las frases que precisan para expresar sus ideas, me llaman. Yo ayudo a esos líderes a crear esas frases que necesitan para vender más productos u obtener más votos».

El joven conductor bajó el volumen de su estéreo, reflexionó un segundo y me dijo: «¡Usted es una persona muy importante!». Me reí. Supongo que mi frase funcionó, en cierto modo. Luego me explicó que necesitaba un consejo de comunicación. Supuse que tenía un segundo trabajo y quería algún asesoramiento para hacer crecer su negocio, pero resultó que la realidad era otra: precisaba un consejo de comunicación para romper con su novia. Literalmente, él estacionó su auto en la entrada de un edificio de seguridad nacional en el que yo tenía programada una reunión con un cliente y comenzó a hablarme de su relación, de que ella no lo entendía y se estaba viendo con otro hombre. De pronto, me encontraba en un episodio de *The Bachelor*. Desde atrás de las barricadas nos observaban unos hombres armados, por lo tanto, mientras él hablaba, yo estaba en un conflicto interno. No quería que me dispararan, pero me daba mucha curiosidad lo que ella veía en ese otro hombre. En fin, no soy un consejero de parejas, pero le di algunas ideas. Digo que le di consejos de comunicación, pero en verdad durante la mayor parte de la conversación yo decía cosas como: «No digas eso. En serio, no digas eso». Para ser honesto, creo que ella podría haber estado mucho mejor sin él, pero ese ni siquiera es el punto. Lo importante es que, cuando utilizas frases para hablar de tu marca, la gente debería bajar el volumen de la radio, aparcar y entender exactamente por qué tú y tu marca son tan importantes.

A continuación, voy a presentarte un proceso corto y sencillo de tres pasos para que expreses tu mensaje en una campaña de comunicación exitosa.

Paso uno: Crea tu guion de marca de StoryBrand

Si a medida que leías este libro no fuiste creando tu guion de marca, retrocede y comienza desde el principio. El proceso de crearlo hará que tu oferta sea más clara no solo para los clientes, sino para tu equipo y para ti. Por ejemplo, no creas que solo porque entendiste que no debes hacer el papel de héroe tu público comenzará a verte automáticamente como el guía. Solo te reconocerán como tal cuando utilices frases contundentes que demuestren que empatizas con su problema y eres competente para ayudarlos a resolverlo. Es fundamental que crees tu guion de marca de StoryBrand.

Paso dos: Edita tus frases hasta que generen la reacción que deseas

Si has creado las frases correctas, la gente debería detenerse al instante. Cuando termines de repetirlas, deberían pedirte tu tarjeta personal o, lo que es mejor, darte su tarjeta de crédito. Por el contrario, si te piden que le aclares algo para poder comprender lo que intentas decir, es porque aún no tienes tus frases bien pulidas. La única pregunta que las personas deberían tener después de oírte es: *¿Cómo puedo comprarlo?* De hecho, si has utilizado tu frase de llamado a la acción, ni siquiera deberían preguntar eso, porque ya lo respondiste. En resumen, cuando utilizas tus frases, la gente debería querer hacer una compra o recordar a alguien que creen que debería hacerlo.

Piensa en tu guion de marca como un borrador. El primer problema con el que me he topado al guiar a las personas a través de este proceso es que sus frases iniciales son demasiado imprecisas. Si quieres que funcionen, no deben ser confusas. Recuerda que no debes ser ingenioso, sino claro.

Tu guion de marca debería ser un trabajo en proceso hasta que tenga éxito. Si no estás recibiendo las reacciones que deseas, continúa modificándolo hasta que logres atraer clientes y pedidos. Esta puede ser una etapa difícil para algunos, en especial si de verdad te gusta la forma en que has estado hablando de tu marca. Sin embargo, es probable que el hecho de que te guste algo esté más relacionado con el proceso que tú y tu equipo atravesaron, lo difícil que fue llegar a un acuerdo, que el eslogan se le ocurrió a tu nieta o que tu frase rima. ¡Válgame Dios! A lo único que debes prestarle atención al crear un guion de marca es a si los clientes están interesados y haciendo pedidos. Continúa perfeccionando tus frases hasta obtener con ellas la reacción que deseas.

Paso tres: Repite tus frases hasta que el público las memorice

Piensa en tu campaña de comunicación como un ejercicio de memorización. Tu tarea es repetir tus frases una y otra vez, tantas veces que tus clientes puedan recitarlas de memoria.

En mi casa no damos una mensualidad familiar. Hay distribución de tareas del hogar, porque los niños son una parte fundamental de la familia y todos tenemos que contribuir con los objetivos comunes que, en nuestro hogar, son amarnos y respetarnos, entre nosotros y amar y respetar a los invitados que vienen.

Dicho esto, nuestra hija tiene una oportunidad estupenda de ganar dinero, que es memorizando poemas. Cuando yo era joven, recitaba poesías y atribuyo mi éxito como escritor a esta práctica. No solo eso, sino que las horas incontables que pasé repitiendo en mi mente *The Gods of the Copybook Headings* [Los dioses de los encabezados de los cuadernos] de Kipling, o *El tigre* de William Blake, fueron las horas en que no empleé mi mente en hacer probablemente cosas estúpidas. ¿Cómo logras memorizar algo o, mejor dicho, cómo ayudas a alguien a aprender algo de memoria? Tan solo repitiendo lo que quieras que memorice una y otra vez con las mismas palabras exactas. Ese es el motivo por el que la canción del abecedario es tan efectiva. En esencia, es una canción publicitaria que ha ayudado a la gente a memorizar el abecedario de forma efectiva durante un siglo o más. Si quieres saber de memoria un poema, llévalo contigo en un papel y sácalo de tu bolsillo para leerlo cuando estés en la fila de la cafetería o esperando a que comience una película.

Cuando la hermana pequeña de mi esposa cumplió doce años, le regalé una carpeta con diez poemas clásicos. Detrás de cada poema, pegué con cinta adhesiva un sobre con un billete de cien dólares. Le dije que cada vez que se supiera al dedillo uno de los diez poemas, podría quedarse con el dinero que estaba allí. ¿Qué le obsequié en realidad para su cumpleaños? La transformación que se da cuando una persona medita en algunas de las palabras más bellas que se hayan escrito en nuestro idioma. Dicho de otra manera, le regalé la oportunidad de una transformación personal.

Una campaña de comunicación funciona como una carpeta, solo que en vez de darle cien dólares a tu cliente cada vez que memoriza tu frase, ellos te pagan con dinero a través de un pedido.

Si quieres utilizar tu guion de marca para que tu negocio crezca, da los tres pasos imprescindibles para lanzar una campaña de comunicación: crea tu guion, edítalo y luego repítelo. Después de eso, comienza a plasmar tus frases ya mejoradas en tu material de *marketing*.

En el próximo capítulo, comenzaremos a poner en práctica tu guion de marca en la forma de un material de *marketing* y comunicación efectivo, comenzando por tu sitio web.

CAPÍTULO 14

CÓMO MEJORAR
TU SITIO WEB

Creo que tu sitio web es importante, en *segundo* lugar, porque los clientes lo verán y harán sus pedidos, pero en *primer* lugar, porque al crear un buen boceto de la página, estás organizando tus puntos centrales de tal manera que *tú mismo* logras entender mejor tu oferta. Por ejemplo, si pasas una semana planeando bien las secciones de tu sitio web para asegurarte de utilizar el lenguaje correcto y emplearlo en el orden indicado, estás aclarando de manera eficaz cómo vas a expresarle tu oferta al mundo. Estas frases y este lenguaje se trasladarán a las conversaciones en fiestas, los correos electrónicos a los clientes y los temas de discusión internos que hablamos con nuestro propio equipo.

Con frecuencia ha habido ocasiones en que se me ocurrió la idea de un producto nuevo y luego me senté a realizar el boceto de la página para ese producto antes de que entendiera mi propia oferta. El ejercicio de crear el boceto de un sitio web es algo que vale la pena hacer.

Para ayudarte a bosquejarlo (elegir el texto correcto y ubicarlo en el orden adecuado), mi equipo ha creado una herramienta de inteligencia artificial que te ayudará a avanzar desde la página en blanco. Después de crear tu guion de marca en StoryBrand.AI, simplemente presiona el botón «Crear mi campaña de mensajes y *marketing*» y nuestras sugerencias de IA te guiarán a través de una serie de preguntas que te darán el contenido para tu nuevo sitio. La herramienta se actualiza de manera constante para que funcione cada vez mejor. Al finalizar, podrás entregarle ese boceto a un diseñador que lo delineará para ti. Si contratas a un asesor certificado de StoryBrand, ellos pueden ayudarte a ajustar aún más tu texto utilizando las mejores prácticas que han adquirido de su experiencia. El resultado debería ser una página de inicio o un sitio web que obtenga resultados excelentes.

La mayoría de nosotros no tiene millones de dólares para invertir en una campaña, y está bien. Hoy en día podemos obtener un gran impulso solo con prestar atención a las palabras que utilizamos y los lugares que encontramos para repetirlas; y todo eso comienza con un sitio web claro y efectivo. Es posible que la gente se entere de nosotros por boca de otras personas o por las redes sociales, pero es casi seguro que después querrán visitar nuestro sitio web para saber más. Cuando entren a verlo, nuestra idea central debería estar explicada de forma aún más clara que lo que han escuchado antes.

En el próximo capítulo te mostraré un plan paso a paso para crear una campaña de *marketing* y comunicación de StoryBrand, la cual incluye ocho secciones específicas que debes crear para tu página de inicio, pero por ahora estas son las cinco mejores prácticas que debes tener en mente cuando construyas tu sitio web.

CINCO PRÁCTICAS RECOMENDADAS PARA CONSTRUIR TU SITIO WEB

1. Una oferta visible en la parte superior

Cuando la gente entra a tu sitio web, lo primero que ve son las imágenes y el texto que están en la parte superior de la página o *above the fold*, como se le dice en el ámbito del diseño web. Este término en inglés viene del ámbito periodístico y hace referencia a las historias que aparecen por encima del doblez de un periódico. En un sitio web, hace referencia a las imágenes y el texto que encuentras y lees antes de tener que desplazarte hacia abajo.

Como mencioné antes, me gusta pensar en los mensajes de esa parte superior como una primera cita amorosa, y luego mientras deslizas puedes tomar los otros mensajes como una segunda o tercera cita. Sin embargo, también lo hemos dicho, lo que muestres en una primera cita debe ser corto, seductor y estar centrado únicamente en el cliente.

Hace poco, a mi esposa le regalaron una membresía en línea para una escuela de cocina en Seattle. Una amiga se lo envió como agradecimiento por un trabajo que ella había realizado en su sitio web. Al principio, Betsy estaba emocionada, hasta que entró al sitio web. En la página principal (antes de registrarse con nombre de usuario y contraseña), había una imagen hermosa de un pastel de zanahoria junto con una especie de broma interna sobre comer algo mientras ves *Juego de tronos*. No la entendimos. Ella deslizó hacia abajo e hizo clic en un video, esperando que el video explicara qué le habían regalado en concreto. En cambio, mostraba un relato por medio de caricaturas de cómo había comenzado la empresa. Alguien llamado Joe conoció a alguien llamada Karen, que era amiga de alguien llamado Todd... ¡y todos amaban cocinar!

Mi esposa no se entusiasmó hasta que inició sesión y comenzó a explorar lo que el sitio web ofrecía. Se acostó esa noche contándome sobre unos ingredientes naturales que podía utilizar para eliminar el color de un licor y que todos sus cócteles se vieran claros. (No entendí la importancia de esto hasta que me explicó que la salvia de su jardín resaltaría más cuando la colocara en un vaso).

«¡Oh, la salvia!», entendí. «Ofrecen un servicio para ayudarte a resaltar tu salvia».

«No», negó Betsy. «Me tomó un par de horas descifrarlo, pero la suscripción es para que estos tres amigos de Seattle me ayuden a convertirme en una profesional de la cocina».

¡BINGO! Betsy lo dijo. Esas eran las palabras que debían haber estado en la parte superior de su sitio web:

«¡TE CONVERTIREMOS EN UN PROFESIONAL DE LA COCINA!».

Una oración corta (una idea central) nos habría facilitado entender qué ofrecía el negocio en cuestión y hasta nos hubiese dado las palabras que podríamos utilizar para ayudarlos a expandir su negocio.

No tenemos forma de saber cuántos clientes se está perdiendo ese sitio web al exigir tanto esfuerzo para entender por qué las personas necesitan de su servicio. Mi propia esposa, que ahora los ama, no hubiera pagado por ello de no haber sido por ese pase libre que le regalaron.

La idea aquí es que los clientes necesitan saber qué tienes para ellos cuando lean el texto inicial. El enunciado debería ser audaz, corto, fácil de leer y estar a la vista, no enterrado en medio de muchos botones o entre el caos y el desorden. Hace poco visité el sitio web de Squarespace y nada más dice: «Te ayudamos a crear hermosos sitios web». Perfecto. Podrían haber dicho un montón de cosas, pero como saben que los mensajes deben ser cortos y relevantes, con esto están ganando cientos de millones de dólares.

Además, es fundamental que las imágenes y los textos que utilices en la parte superior cumplan con alguno de los siguientes criterios:

- **Prometer una identidad aspiracional**

  Al ofrecerle a mi esposa convertirse en una profesional de la cocina, la escuela en Seattle podría haberle hecho saber «qué tienen para ella» y atraerla hacia una identidad aspiracional. ¿Podemos ayudar a nuestros clientes a ser competentes en algo? ¿Serán personas diferentes después de interactuar con nosotros? Expliquémoslo de forma clara.

- **Prometer resolver un problema**

  Si puedes solucionar un problema, dilo. ¿Puedes hacer que mi gato deje de arañar los muebles? ¿Que mi auto deje de sobrecalentarse? ¿Que mi cabello no se debilite? Exprésalo. No visitamos tu sitio web para leer cuántos juegos de sóftbol ha ganado tu empresa; vinimos buscando resolver un problema.

- **Explicar con claridad lo que haces**

  Lo más sencillo de hacer en nuestro sitio web es explicar exactamente lo que hacemos. Hay una tienda en nuestra calle que se llama Local Honey [Miel Local]. Muchos pensarían que vende miel. Sin embargo, ellos resolvieron esta confusión rápidamente con un eslogan que dice: «Vendemos ropa. Hacemos peinados». Entendido. Local Honey vende ropa y hace peinados. Ahora ya los tengo registrados en el tarjetero de mi mente y los recordaré cuando necesite un peinado o ropa nueva.

Revisa tu sitio web y asegúrate de tener una oferta que se destaque en la parte superior. Algunos de nuestros clientes cometen el error de explicar su oferta en el medio de un párrafo que comienza así: «Hemos estado en el mercado desde 1979, comprometidos con la excelencia y atentos a nuestros clientes...». Todo muy bonito, pero J. K. Rowling no comenzó su primera novela de Harry Potter diciendo: «Mi nombre es J. K. Rowling y durante mucho tiempo he querido escribir un libro...». El hecho de que siempre haya querido escribir un libro no era parte de la historia de Harry Potter, y ella fue lo suficientemente inteligente como para saber la diferencia entre su historia y la que sus lectores querían. En su lugar, fue directo al punto y atrapó al lector. Ella fue lista y nosotros también debemos serlo. Poner una oferta en la parte superior es una forma segura de atrapar a un cliente con una historia a la que lo estamos invitando.

2. Llamados a la acción evidentes

Si no estás seguro de lo que es un llamado a la acción, regresa al capítulo 8, porque es importante. Por ahora, debes saber que el objetivo de tu sitio web es crear un espacio donde el botón del llamado a la acción directa tenga sentido y se vea tentador. Si bien estamos en los negocios para servir a nuestros clientes y hacer un mundo mejor, quedaremos afuera pronto si la gente no hace clic en el botón «Comprar ahora». Por lo tanto, no lo escondamos.

Hay dos lugares principales en los que debemos colocar un llamado directo a la acción. El primero es en la esquina superior derecha de nuestro sitio web y el segundo es en el centro de la sección principal que está en la parte superior visible de la página. El ojo del cliente se mueve rápido en un patrón con forma de Z al recorrer tu sitio web; por eso, si tu logo y eslogan están en la esquina superior izquierda, hay un botón «Comprar ahora» en la esquina superior derecha, y en el medio de la página aparece una oferta seguida de otro botón «Comprar ahora», es probable que hayas eliminado todo el ruido de la mente de tu cliente y que sepan exactamente qué hacer si necesitan ayuda para resolver su problema.

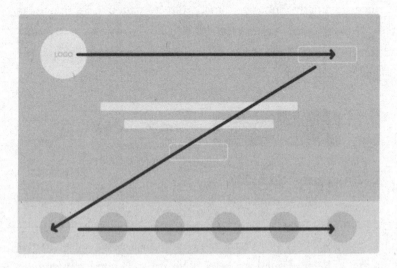

Para obtener mejores resultados, los botones «Comprar ahora» deberían ser de un color diferente al de cualquier otro botón del sitio (es preferible que sean más brillantes que el resto, para que resalten) y exactamente iguales. Sé que esto suena exagerado, pero recuerda que la gente no lee los sitios web, solo les da un vistazo rápido. Es preciso que ese botón siga apareciendo para que nadie olvide a dónde quieres llevar esta relación. Una persona tiene que oír algo (o leer algo) muchas veces para procesar la información, por eso debemos repetir nuestro llamado a la acción principal una y otra vez.

No es necesario que tu llamado a la acción diga específicamente «comprar ahora», pero sí debería haber un botón que te lleve directo a una transacción económica. Algunas formas populares de llamamientos a la acción son: «comprar ahora», «hacer una llamada», «programar una cita» o «añadir al carrito».

Tu llamado transicional a la acción también debería ser evidente, pero no permitas que distraiga a los clientes del llamado directo. Me gusta presentar el llamado transicional con un botón menos llamativo junto al llamado directo para que las preguntas «¿Te casarías conmigo?» y «¿Saldrías conmigo otra vez?» estén una junto a la otra. Recuerda que si no les pides a las personas que hagan un pedido, no lo harán.

COMPRAR AHORA   **DESCARGAR PDF**

3. Imágenes de éxito

Las palabras conforman la mayor parte de nuestra comunicación, pero no toda. Las imágenes que utilizamos pueden ayudar a expresarles nuestra oferta o a confundir a potenciales clientes sobre el lugar al que los llevará la historia a la que los invitamos. Si la gente visita nuestro sitio web y ve fotos de nuestro edificio, es probable que estemos desperdiciando un poco de su capacidad mental en imágenes sin sentido, a menos que estemos intentando vender nuestras oficinas, por supuesto. Sin embargo, aun así las fotos del edificio no son algo que incluiría en el comienzo, sino que las guardaría para una segunda cita. Creemos que en nuestra web deberían aparecer en un lugar preponderante imágenes de personas sonriendo felices porque han tenido una experiencia placentera (han cerrado un bucle abierto en su historia) al relacionarse con nuestra marca.

De una forma u otra, todos quieren tener una vida mejor. Aunque pueda parecer algo simple, las imágenes de personas sonrientes o satisfechas nos hablan y tienen el poder de mostrarles a los clientes un destino emocional al que pueden llegar cuando eligen realizar un pedido.

También deberíamos colocar fotos de nuestros productos, pero si podemos mostrarlos en las manos de personas sonrientes, nuestras imágenes tendrán más poder para convertir a los curiosos en compradores. No todos tienen que estar sonriendo, por supuesto, porque entonces no parecería auténtico. Sin embargo, en general, es necesario mostrar de forma visual la salud, el bienestar y la satisfacción que nuestros clientes pueden experimentar con nuestra marca. Y la forma más fácil de hacerlo es poniendo imágenes de clientes felices.

4. Un menú de productos diseñados para resolver un problema general

Imagina que visitas un restaurante y el camarero te dice que no disponen de un menú. Cuando le preguntas cuáles son las opciones, te responde: «Tenemos muy buenas proteínas, y los carbohidratos simples y complejos son fantásticos». Te quedarías ahí desconcertado, preguntándote cómo vas a saciar tu hambre. Desde hace cien años o más los restaurantes (y si vamos al caso, la mayoría de los negocios) les han ofrecido a sus clientes un menú para elegir qué van a comer, y tu negocio no es la excepción. Asegúrate de hacer una lista de los productos que la gente puede comprar allí en tu sitio web. Si no tienes un menú de productos porque tu empresa ofrece en cambio un servicio, entonces comienza a hacer paquetes con tus servicios y a ponerles un nombre para convertirlos en un producto. Por ejemplo, si vendes reparaciones de climatización, puedes ofrecer un «paquete de un año de mantenimiento» que agrupa servicios existentes y les confiere un precio.

Si tu menú de productos es complejo (por ejemplo, si tienes algunos artículos que ofreces a empresas y otros a consumidores), no te preocupes. Un desafío común para muchos negocios es que necesitan comunicar lo que hacen de forma simple, pero han diversificado tanto sus fuentes de ingresos que les cuesta descubrir cómo estructurar su variedad de productos para que se entienda cuál es el problema principal que la marca les resuelve a sus clientes.

Si este también es tu problema, no estás solo. Tuvimos un cliente hace algunos años que tenía dos productos principales: un proceso de planificación personalizado de dos días para individuos y una sesión de planificación de operaciones estratégica de dos días para equipos de líderes ejecutivos. Suena bastante simple, solo que en realidad la empresa no ganaba dinero de ninguno de esos dos productos, sino al capacitar y certificar asesores. Entonces, el desafío era aumentar la demanda de cada producto para que más personas quisieran convertirse en asesores. Esto significa que tuvieron que dirigir el tránsito hacia tres productos diferentes: la planificación personal, la estrategia de operaciones y la certificación de asesores, que era el verdadero generador de ingresos.

Si esta empresa se parece a la tuya (es decir, si tu oferta de productos resulta compleja), el primer desafío es encontrar un mensaje general que reúna todas las líneas de negocio. En el caso de nuestros amigos que ofrecían asesoramiento para la planificación personal y la estrategia de operaciones, elegimos la necesidad de la gente de un plan personalizado. Para la parte superior de su sitio web, les recomendamos el texto: «La clave para el éxito es un plan personalizado» colocado sobre una imagen de un asesor trazando una planificación en una pizarra para un cliente satisfecho. A medida que los potenciales clientes se deslizaran hacia abajo, verían dos secciones para elegir: planes para la vida personal y planes para la estrategia empresarial. Cada uno de estos botones llevaba a páginas nuevas con mensajes filtrados por dos guiones de marca diferentes. Los clientes podrían programar citas para asesoría en ambas páginas. Sin embargo, la clave para hacer crecer el negocio era el botón destacado ubicado en la parte superior e inferior de cada página que decía: «Conviértete en un asesor calificado».

Podemos pensar que nuestro menú de productos es demasiado diverso como para poder comunicar nuestra oferta con claridad, pero seguramente no es así. Sin duda, existen algunos ejemplos en los que varias marcas de una misma empresa necesitan dividirse y venderse por separado, pero en la mayoría de los casos podemos encontrar una temática general para unirlas. Una vez que tengamos un mensaje general, podemos hacer las divisiones utilizando diferentes sitios web y un guion de marca para cada una. La clave es la claridad. Cuando desglosamos las líneas de negocio de forma clara para que la gente pueda entender nuestra oferta general y a continuación colocamos el menú de productos que representa las distintas formas en que resolvemos los problemas de nuestros clientes, ellos podrán elegir su propia aventura sin sentirse confundidos.

5. Muy pocas palabras

La gente ya no lee los sitios web, solo les echa un vistazo. Si hay un párrafo entero en la parte superior de tu sitio web, te aseguro que lo pasarán por alto. En la oficina, cuando necesitamos textos de *marketing* solemos decir bromeando: «Escríbelo en código Morse». Con eso nos referimos a un texto que sea corto, contundente y relevante para nuestros clientes. Piensa otra vez en el cavernícola sentado en su cueva. «Tú vendes pastelillos. Pastelillos ricos. Yo quiero comer. A mí me gusta el rosa y debo ir a panadería ahora». La mayoría de nosotros nos desviamos demasiado en la dirección opuesta a lo simple y breve, usamos demasiado texto.

Si estamos promocionando una escuela, no tiene sentido decir: «Como padres, entendemos lo que es querer lo mejor para nuestros hijos. Por eso hemos creado una escuela donde los padres trabajan de cerca con los maestros en cada paso del camino de la educación de su hijo», cuando simplemente podríamos decir: «Reuniones telefónicas semanales con el maestro de tu hijo» en forma de viñeta junto con otras cinco cosas buenas que diferencian a tu escuela.

A medida que los clientes deslicen hacia abajo, está bien utilizar más palabras que en el encabezado, pero solo unas pocas oraciones más por ahí. Algunos de los sitios web más efectivos que he revisado utilizaban diez oraciones o menos en toda la página. Eso es el equivalente a unos diez tuits o a una conferencia de prensa con el entrenador Bill Belichick.

Si quieres utilizar un texto largo para explicar algo (de hecho, nosotros lo hacemos en nuestra web), agrega un pequeño enlace «leer más» al final de la primera o segunda oración en una sección del sitio que esté un poco más abajo, así la gente puede ampliar el texto si quiere. De esa forma, no bombardeas a los clientes con demasiado texto.

Como experimento, veamos si puedes quitar la mitad de las palabras que tienes en tu sitio web actual. ¿Puedes reemplazar algunos de los textos con imágenes? ¿Puedes reducir párrafos enteros a tres o cuatro puntos? ¿Puedes resumir oraciones en frases concisas? Si es así, ¡realiza estos cambios pronto! La regla es que cuantas menos palabras utilices, más probabilidades habrá de que la gente las lea.

SIGUE EL GUION

Claro que existen más de cinco cosas para tener en cuenta al momento de crear tu sitio web, pero si sumas todo el resto de los consejos y estrategias, no supondrían una diferencia tan grande como hacer estas cinco cosas bien.

Si piensas que tu guion de marca de StoryBrand es una batería, piensa en tu sitio web como un solo de batería. No debería haber ni una sola palabra, ninguna imagen o idea en tu sitio web que no venga de las frases creadas en el guion de marca. Las palabras que emplees en tu *marketing* y comunicación no tienen que ser los textos exactos que tienes en tu guion de marca, pero la idea sí debe ser la misma. Si agregas mensajes que no provengan de una de las categorías del esquema SB7, tus clientes solo oirán ruidos.

La idea principal es seguir el guion. La gente se relacionará con tu marca solo después de oír, entender y tal vez hasta sin saberlo memorizar tus frases. Si quieres que tus palabras se difundan, debes mantener tus frases cortas y relevantes, para luego repetirlas siempre que puedas. Así atraerás a más clientes y ellos realizarán más pedidos. ¿Por qué? No porque tu mensaje sea inteligente o coercitivo, sino porque al fin es claro.

Al presionar el botón «Crear una campaña de mensajes y *marketing* de StoryBrand» de tu guion en StoryBrand.AI, te harán varias preguntas que van a proporcionarte un informe completo incluyendo un eslogan, una frase clave, el bosquejo de un sitio web, un captador de clientes, correos electrónicos de seguimiento, un discurso de ventas, guiones narrativos para videos en YouTube y las redes sociales, temas para pódcast, sugerencias para crear sentido de urgencia, ideas para un producto mejorado y publicaciones de redes sociales listas para usar junto con tendencias de la industria específicas para tu sector. El boceto del sitio que generará nuestra inteligencia artificial incluye algunas secciones más de las que mencioné en este capítulo y puedes editarlo para que diga exactamente lo que quieras. Entonces puedes entregarle con facilidad tu boceto a un asesor certificado de StoryBrand para que lo diseñe y lo ponga en práctica con el fin de generar ventas (o mejorarlas).

CAPÍTULO 15

CÓMO EJECUTAR TU CAMPAÑA DE MENSAJES Y *MARKETING* DE STORYBRAND

Transforma tu *marketing* por medio
de un mensaje claro en un sistema
de *marketing* que funciona

¿Y ahora, cómo seguimos? Ya tenemos un guion de marca de StoryBrand, ¿cómo podemos utilizar estas frases poderosas para que tengan el mayor impacto posible en nuestros resultados finales?

La campaña de mensajes y *marketing* de StoryBrand es un sistema sencillo y está comprobado que funciona. En esencia, se trata de una campaña de comunicación que pones en marcha para que los clientes escuchen sobre tu marca, comiencen a confiar en que puedes resolver sus problemas y luego realicen sus compras.

En los últimos diez años hemos certificado a casi mil asesores, cada uno de los cuales entiende el esquema y tiene experiencia en colocar tus frases en los lugares correctos dentro de una campaña eficaz de mensajes y *marketing*. En los cientos de reuniones que hemos llevado a cabo con nuestros asesores, ellos nos contaron lo que funciona y lo que no. Este capítulo es un resumen de sus prácticas más efectivas. Puedes crear tu campaña de mensajes y *marketing* por tu cuenta, o contratar a un asesor para que te ayude a hacerlo o cree directamente toda tu campaña en nuestro directorio en MarketingMadeSimple.com. A continuación, verás un plan de ejecución detallado paso a paso. Como ya mencioné, puedes crear gran parte del borrador utilizando las herramientas de inteligencia artificial que hemos creado en StoryBrand.AI. Para perfeccionar tu trabajo, diseñar tu campaña y conectarla con un programa de CRM (gestión de relaciones con el cliente, en inglés), puedes trabajar por tu cuenta o solicitarle a uno de nuestros asesores que lo haga por ti.

TU PLAN PASO A PASO

Cada paso que efectúes debería dar como resultado mayor compromiso de los clientes con tu marca y más ventas. No debes crear toda la campaña de mensajes y *marketing* de una sola vez. Dicho esto, cuanto más hagas, más posibilidades habrá de que los clientes encuentren y comprendan tu oferta.

Además, una vez que termines de crearla, puedes generar otra. Mi negocio tiene una docena o más de campañas trabajando a la vez y cada una de ellas genera ideas que nos ayudan a vender varios productos, desde certificaciones y talleres hasta sesiones de estrategia privadas y expertos. Cada mañana abro mi interfaz de usuario para ver cuántos clientes potenciales llegaron para cada producto y puedo brindarles seguimiento a través de un canal con el fin de ver cuántos de ellos terminan en ventas. En otras palabras, puedo predecir los ingresos mucho antes de que un cliente compre nuestros productos, y ese es un conocimiento sumamente útil cuando intentas hacer crecer tu pequeño negocio. Mi intención es que a ti te suceda lo mismo.

Si vas a crear tú mismo la campaña de mensajes y *marketing*, lo siguiente puede servirte como un mapa de ruta completo. Si en tu equipo tienes un director, simplemente dale este libro y encárgale que complete la tarea del guion de marca (los capítulos previos de este libro) y la campaña de StoryBrand que conforma este capítulo final.

El motivo por el cual una campaña de mensajes y *marketing* de StoryBrand funciona tan bien es porque guía a los clientes a través de las tres etapas de las relaciones: curiosidad, ilustración y compromiso.

Cuando un cliente potencial oye tu minipresentación, le da curiosidad, porque sospecha que tienes un producto o servicio que puede ayudarlo. Es solo en el momento en que siente curiosidad que quiere saber más. Por eso, el primer trabajo de una buena campaña es provocarla. Después que los clientes están curiosos, comienzan a leer un poco más sobre tu producto con el fin de «ilustrarse» y saber si es adecuado para ellos. En esta etapa, dependiendo de lo costosa o complicada que sea la adquisición del producto, un cliente puede buscar reseñas, leer algo acerca del mismo, preguntarles a sus amigos si lo han utilizado o buscar videos en YouTube. Si tienes un buen material de «ilustración», avanzará a la tercera fase de su relación contigo, que es la del «compromiso», en la que está dispuesto a realizar un pedido.

Nuestro objetivo como especialistas en *marketing* es elaborar un buen material que inspire curiosidad; es decir, frases en páginas de inicio, anuncios digitales, seminarios en línea y otras cosas similares que despierten el interés de un posible cliente. Después de nuestro material de curiosidad, necesitamos crear el de ilustración, que puede incluir la descarga de un PDF, seminarios en línea, sesiones de trabajo en grupos, secuencias de correos electrónicos automatizadas, videos de YouTube y otros materiales de *marketing* con formatos más extensos. Cuando lo hayamos elaborado, necesitaremos estar seguros de que nuestros llamados a la acción sean claros, incluso en mensajes de ventas, cuentas regresivas, ofertas especiales y demás.

La tarea de una buena campaña de mensajes y *marketing* es despertar la curiosidad de nuestros clientes, ganar su confianza con información coherente y valiosa, y luego pedirles que se comprometan desafiándolos a hacer una compra. Si sigues paso a paso las instrucciones de este capítulo, tu campaña de mensajes y *marketing* de StoryBrand hará el trabajo perfecto.

A continuación, comencemos con el primer paso.

PASO UNO: CREAR UN GUION DE MARCA DE STORYBRAND

No hace falta decir que tu guion de marca es la base de tu campaña de *marketing* y comunicación. El *marketing* no va a funcionar de manera óptima hasta que encuentres las palabras correctas. Para obtener los mejores resultados, crea un guion de marca para cada iniciativa de publicidad importante. Puedes hacerlo con la ayuda de este libro, el audiolibro o, si quieres un poco de diversión, escucha el pódcast *StoryBrand Radio Theater Presents: Pete and Joe Save Their Mother's Company* [Radioteatro StoryBrand presenta: Pete y Joe salvan la empresa de su madre] en Audible. La versión en radioteatro de *StoryBrand 2.0* es una historia ficticia que enseña el esquema y al final explico paso a paso un procedimiento que puedes seguir para crear tu guion de marca. Lo diseñamos como una forma rápida y eficaz para que tú o tu equipo puedan entenderlo y poner manos a la obra.

Una vez que hayas armado tu guion de marca, dirígete al paso dos.

PASO DOS: INVENTAR UNA FRASE CLAVE

La mayoría de las personas acaban con el interés de sus clientes en el momento en que empiezan a hablar de su negocio. Cuando alguien nos pregunta a qué nos dedicamos y le respondemos: «Bueno... es complicado» o «Verás, hace cincuenta años mi abuelo fundó nuestra empresa...», de inmediato perdemos el interés del interlocutor. Sin embargo, en vez de irnos por las ramas, imagina memorizar un solo enunciado que podríamos recitar para generar intriga e incluso atraer a potenciales clientes. Que sea un enunciado tan poderoso que haga que la gente nos pida nuestra tarjeta de presentación o, mejor, nos pregunte cómo puede hacer un pedido.

Una frase clave es la mejor forma de responder a la pregunta: «¿A qué te dedicas?». Se trata de mucho más que un eslogan, es una declaración concreta que los ayuda a entender por qué necesitan tus productos o servicios.

Para comprender cómo funciona, utilicemos otra página del manual de narración. Cuando los guionistas les presentan su obra a los ejecutivos de los estudios de filmación, la diferencia entre que lo acepten o lo rechacen suele depender de lo que se conoce como *sinopsis (logline)*.

En pocas palabras, una sinopsis es la descripción de la película en una frase. Una sinopsis impactante ayudará al escritor a vender su guion y continuará utilizándose durante todo el fin de semana del estreno para que los promotores puedan venderla al público que asiste al cine. Si alguna vez has recorrido una aplicación de películas en tu teléfono en busca de algo para ver, como por ejemplo Netflix, es probable que hayas leído las sinopsis. Aquí tienes algunos ejemplos:

«Un precoz estudiante de un instituto privado, cuya vida gira en torno a su escuela, compite con el exalumno más popular y exitoso por el afecto de una maestra de primer grado».

—*Tres son multitud*

«El joven herrero Will Turner se une al excéntrico pirata "Capitán" Jack Sparrow para salvar a su amada, la hija del gobernador, de los antiguos aliados piratas de Jack, que ahora son muertos vivientes».

—*Piratas del Caribe: La maldición del Perla Negra*

«Una historia de ciencia ficción fantástica sobre un joven granjero ingenuo pero ambicioso, de un desierto lejano y perdido, que descubre poderes que nunca supo que tenía cuando se reúne con una princesa valiente, un piloto espacial mercenario y un viejo guerrero hechicero para liderar una rebelión diversa contra las fuerzas siniestras del malvado Imperio Galáctico».

—*La guerra de las galaxias: Una nueva esperanza*

«Un incompetente, inmaduro y torpe heredero de una fábrica de repuestos de automóviles debe salvar el negocio para mantenerlo fuera del alcance de su nuevo pariente estafador».

—*Tommy Boy*

¿Qué es lo que hace que estas sinopsis sean completas y efectivas? Dos cosas: claridad y promesa. Una sinopsis está diseñada para resumir la historia de tal forma que un lector comprenda la trama (y, por lo tanto, el valor de entretenimiento de la historia) y desee saber más. En otras palabras, quien lee la sinopsis entiende sin duda de qué se trata la película y cree en la promesa de que será entretenida o inspiradora.

La frase clave que crearás para tu empresa será lo que una sinopsis es para una película, es decir, comunicará tu oferta de forma clara y prometerá una solución para los problemas del cliente. Además, al igual que una sinopsis, tu frase clave hará que la gente quiera comprar tu producto. No solo esto, sino que también puedes utilizarla para convertir a todo tu equipo en una fuerza de ventas. Ya sea que se trate de tus representantes de servicio al cliente, tu equipo de línea de ensamblaje o el presidente de tu compañía, todos los miembros deberían saber la frase clave de modo que si alguien les pregunta sobre la empresa, podrían describirla de tal forma que los clientes entiendan por qué necesitan tus productos y servicios.

¿Cómo sería la vida si todas las personas con las que trabajaras se convirtieran en una fuerza de ventas que difundiera tus productos y servicios? Crear una frase clave y que todos la repitan todo el tiempo es una forma maravillosa de hacer correr la voz sobre el valor de tus productos y servicios.

Para escribir una frase clave persuasiva, utilizaremos una oración que sea una síntesis del esquema StoryBrand. Mientras que un guion de marca tiene siete partes, una frase solo contiene tres: el problema, el producto como solución y el resultado.

Tu frase clave no tiene que ser de una sola oración, ni tampoco necesita incluir cuatro oraciones. Piensa en ella más bien como un enunciado. La idea es comunicar estas cuatro ideas: ¿Quién es tu cliente? ¿Cuál es su problema? ¿Cuál es tu plan para ayudarlo? ¿Cómo será su vida después de que lo hagas?

Veamos con más profundidad cada una de las tres partes componentes necesarias:

Como dije antes en el libro, las historias se vuelven interesantes cuando el héroe quiere algo y choca con un conflicto en su camino hacia obtenerlo; por lo tanto, si queremos que la gente se interese en nuestra marca, deberíamos comenzar nuestros enunciados identificando el conflicto de nuestro cliente. Por ejemplo, ¿cuál de estas frases hace que el producto suene más interesante?

Opción uno: Nuestra nueva pasta dental es suave para los dientes y las encías.

Opción dos: Muchas personas tienen dientes y encías sensibles, por eso sienten dolor cuando se lavan los dientes. Nuestra nueva pasta dental es suave para los dientes y las encías.

La segunda opción empieza con el problema y luego presenta el producto como la solución. La mayoría de las personas, y sin duda quienes sufren de esto, sentirán que la segunda frase es mucho más interesante, porque el problema funciona como un anzuelo. Iniciar tu frase clave hablando del tema que molesta a tu cliente desencadenará la respuesta mental que estamos buscando. Cuando comenzamos con el problema, el cliente piensa para sí: *Sí, es verdad, yo tengo ese mismo problema. Cuéntame más.*

AQUÍ TIENES EJEMPLOS DE ALGUNOS PROBLEMAS DE LOS QUE PUEDEN HABLAR DIFERENTES MARCAS:

Si eres una madre ocupada y no encuentras tiempo para entrenar, entonces...

Si tu perro ladra muy fuerte siempre que alguien golpea tu puerta, entonces...

Si quieres los beneficios de un vehículo eléctrico, pero te preocupa la autonomía, entonces...

Luego de mencionar el problema que experimentan tus clientes, ellos se acercarán. Ahí es cuando debemos posicionar nuestro producto, servicio o idea como la solución a ese problema, ofreciendo de este modo un cierre al bucle narrativo que acabamos de abrir al plantear el problema en primera instancia.

Ahora que hemos expresado con claridad el problema, debemos proponer nuestro producto como la solución. Esto debería incorporarse de manera sumamente simple a la frase clave. Puedes decir solamente «Por eso creamos X» y dejar de hablar. En este punto, después de presentar una frase clave, muchas veces los negocios comienzan a irse por las ramas hablando de su producto, sus características, beneficios y demás. Esto es un gran error. Cuando solo mencionas el nombre o una descripción corta del producto, resuelves el bucle narrativo abierto y satisfaces la curiosidad del cliente, pero cuando divagas, en realidad lo que haces es reducir el valor de tu producto. Por ejemplo, compara esta declaración: «A muchas personas les resulta difícil dormir en la noche porque están estresadas. Nuestra meditación se basa en la ciencia y en más de veinte años de investigación, alivia el sistema nervioso central activando agentes relajantes naturales que se liberan mediante el trabajo de respiración, el enfoque mental y...», con esta otra: «A muchas personas les resulta difícil dormir en la noche porque están estresadas. Nuestra meditación sencilla te ayuda a conciliar el sueño más rápido».

Sin duda, la primera declaración es interesante, pero también se pierde en los detalles. Estaría bien si tu cliente está listo para ser ilustrado, pero ese no es el trabajo de la frase clave. Su propósito es despertar la curiosidad para que la gente quiera comprar tu producto o buscar ilustración en cuanto a por qué debería comprarlo. Tu frase clave será más efectiva si cuidas que la sección que habla del «producto como solución» sea lo más breve posible.

Lo tercero y último que debes incluir en tu frase clave es el resultado que experimentará tu cliente si compra tu producto. Utiliza esta parte para proyectar una visión del futuro de tu cliente, esbozar una imagen de la vida que podría tener una vez que su problema esté resuelto. Los seres humanos avanzan hacia una visión positiva de su futuro, pero solo si esa visión se describe de forma clara. Por ejemplo: «Cada vez más personas quieren saber de dónde viene la carne, porque las prácticas de ganadería industrializada pueden dejar toxinas en nuestros alimentos y a menudo pueden activar alergias. Las prácticas de ganadería regenerativa aseguran que los animales están libres de toxinas, lo que significa que *no tendrás dificultades con alergias a alimentos y te sentirás mucho mejor con el tiempo»*.

Continúa editando tu frase clave hasta que funcione

Piensa en tu primera frase clave como si fuera un borrador. Escríbela y ponla a prueba muchas veces. Ensáyala con tus amigos, tu pareja, tus potenciales clientes e incluso con extraños en la fila de Starbucks. ¿La gente parece interesada? ¿Entienden por completo lo que ofreces? Si es así, vas por el buen camino. Si comienzan a pedirte tu tarjeta de negocios o más información, significa que la has perfeccionado muy bien.

PASO TRES: CREAR UN BOCETO EFECTIVO PARA TU PÁGINA DE INICIO

Como mencioné en el capítulo anterior, tu sitio web o tu página de inicio (*landing page*) debe ser la mejor y más clara versión de tu discurso de venta. Para lograrlo, utiliza cada sección de la página para invitar cada vez más a los clientes a una historia que despierte su curiosidad, los ilustre y los desafíe a asumir un compromiso.

De los miles de sitios web que nuestros asesores certificados han creado para sus clientes, las secciones de la página de inicio son las que demostraron ser más efectivas.

Si tienes una tienda digital que vende cientos de productos, utiliza estas secciones para explicar tu marca en general. Luego podrás crear una página como esta para cada uno de tus productos o servicios individuales.

EL ENCABEZADO

El encabezado es la parte de tu sitio web que se ubica en la parte superior de la página que es visible antes de deslizarse. La función del encabezado es explicar tu oferta con tanta claridad y en un lenguaje tan simple que tu cliente quiera saber más. Si has utilizado el texto correcto, querrá seguir deslizándose para «ilustrarse» con todo lo que ofreces.

Un buen encabezado incluye una oferta de texto larga, un llamado transicional a la acción, otro llamado directo y, si quieres, un conjunto de valores (algunos puntos adicionales que complementen tu oferta inicial). Aquí tienes un ejemplo:

LOS RIESGOS

La sección de riesgos de tu sitio web es donde colocas las consecuencias negativas de no hacer negocios contigo. Nos gusta que esta sección esté cerca de la parte superior porque, como recordarás, el problema es el anzuelo. Esta sección puede desarrollarse mediante un párrafo de texto, imágenes, viñetas o incluso un video. Aquí tienes un ejemplo simple:

La vida es demasiado corta para quedar atrapado en el tránsito
El tránsito no es divertido. No dejes que te frene.
Fuiste diseñado para más.

Encontrar un distribuidor

LA PROPUESTA DE VALORES

Como arriba fuiste negativo, regresemos rápidamente a lo positivo. A los seres humanos les encanta cuando una historia oscila entre momentos felices y difíciles, así que debes emplear esta técnica aquí. En esta sección utilizarás un párrafo, algunas viñetas o hasta un testimonio para reiterar el valor que puedes ofrecerle a tu cliente. En cierto modo, esta sección será una versión más extensa del encabezado, eso significa que es una versión de tu oferta un poco más elaborada. Aquí tienes un ejemplo:

Ahorra tiempo y recupera el control de tu vida con una Circuit E-bike

Evita las dificultades al estacionar
Olvídate del parquímetro y estaciona donde quieras con una bicicleta eléctrica.

Ahorra dinero en gasolina
Utiliza tu bicicleta eléctrica para al menos la mitad de tus viajes y disfruta de un gran ahorro en tus gastos de gasolina.

Encontrar un distribuidor

Llega a tiempo (o antes)
Impresiona a tu jefe al ser el primero en llegar a la oficina todos los días.

El GUÍA

Ahora que has invitado a los clientes a una historia, preséntate. Después de todo, a esta altura es probable que ya te hayas ganado el derecho a ser escuchado. En esta sección quieres posicionarte a ti mismo o a tu marca como el guía que el héroe necesita para resolver su problema y triunfar. Recuerda que aquí debes transmitir empatía y demostrar competencia. Continuemos con el ejemplo:

EL PLAN

En este momento, al revisar tu página de inicio, muchos clientes querrán hacer un pedido, pero no lo harán. ¿Por qué? Por la disonancia cognitiva. Algo sigue resultándoles confuso. Más que nada, se preguntan cómo va a funcionar el proceso o cómo van a realizar este cambio en su vida exactamente. En lugar de enviarlos a «pensar», démosle un plan de tres pasos. Aquí tienes un ejemplo:

EL PÁRRAFO EXPLICATIVO

Los clientes muchas veces quieren actuar con la diligencia debida antes de realizar una compra, en especial si vendes algo complicado o caro. Ofrecerles algunos párrafos para que lean sobre tus productos o servicios les permite dedicar un poco de tiempo a reflexionar acerca de tu oferta. A esto lo llamamos el *párrafo explicativo* y puede ser algo así:

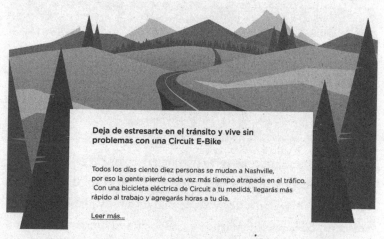

Deja de estresarte en el tránsito y vive sin problemas con una Circuit E-Bike

Todos los días ciento diez personas se mudan a Nashville, por eso la gente pierde cada vez más tiempo atrapada en el tráfico. Con una bicicleta eléctrica de Circuit a tu medida, llegarás más rápido al trabajo y agregarás horas a tu día.

Leer más...

ANUNCIO CAPTADOR DE CLIENTES

Por supuesto que debes compartir tu captador de clientes en algún tipo de publicidad emergente, pero también puedes repetirlo en el cuerpo de tu página. De hecho, mostrarlo al menos dos veces fomentará aún más inscripciones. Aquí tienes un buen ejemplo:

DIEZ FORMAS DE GANAR Y AHORRAR DINERO CON UNA BICICLETA ELÉCTRICA

Descarga el PDF gratuito y comienza a ahorrar dinero.

Descargar el PDF

EL CAJÓN DE CHUCHERÍAS

Solía bromear con que el cajón de chucherías es la sección más importante de tu sitio web, porque es donde vas a depositar todo lo que antes pensabas que era importante. No te molestes en llenar tu página de ventas con todo tipo de enlaces e información adicional sobre tu marca. En cambio, pon todo eso aquí al final de la página.

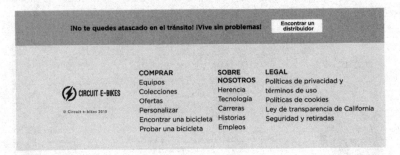

¡No te quedes atascado en el tránsito! ¡Vive sin problemas!

Encontrar un distribuidor

CIRCUIT E-BIKES

© Circuit e-bikes 2018

COMPRAR
Equipos
Colecciones
Ofertas
Personalizar
Encontrar una bicicleta
Probar una bicicleta

SOBRE NOSOTROS
Herencia
Tecnología
Carreras
Historias
Empleos

LEGAL
Políticas de privacidad y términos de uso
Políticas de cookies
Ley de transparencia de California
Seguridad y retiradas

Si lo deseas, puedes agregar o quitar cosas de este bosquejo. De todos modos, utilizar StoryBrand.AI con el fin de crear una muestra para la página de inicio de tu marca te ayudará a tener un «discurso de ventas» fantástico y visual para tu oferta. ¡Diviértete creando el tuyo!

PASO CUATRO: CREAR UN CAPTADOR DE CLIENTES QUE RECOLECTE DIRECCIONES DE CORREO ELECTRÓNICO Y NÚMEROS TELEFÓNICOS

No hay duda de que las personas son adictas al celular. Es una triste realidad, pero realidad al fin. Todos miramos nuestro teléfono todo el tiempo. ¿Por qué? No solo porque los desarrolladores hacen sus aplicaciones cada día más adictivas, sino porque también es nuestro principal dispositivo de comunicación. Si eres como yo, probablemente en un día cualquiera interactúes con las personas diez o veinte veces más por teléfono que cara a cara. De hecho, si me envías un mensaje de texto, estás comunicándote conmigo por el mismo medio que lo hace mi familia o mis amigos más cercanos. Y te he invitado a hacerlo con bastante frecuencia.

Si te doy mi número de teléfono para que me envíes actualizaciones por mensaje de texto o mi dirección de correo electrónico para que me notifiques sobre ofertas especiales, te he dicho de forma literal que me contactes porque me gusta mucho tu marca.

Las marcas que contactan a sus clientes por mensaje de texto o correo electrónico tienen una ventaja estratégica con respecto a aquellas que no lo hacen, sobre todo porque aquellas que los contactan corren menos riesgos de caer en el olvido.

El desafío es convencer a los clientes de que nos den su información de contacto. ¿Cómo hacemos que se sumen a nuestra lista de correos electrónicos o nos den esa información tan valiosa? Les ofrecemos algo a cambio, algo más valioso que la simple oferta de un boletín informativo o una invitación a «mantenernos en contacto». Este «algo» es un captador de clientes, un recurso que atrae de forma magnética a las personas hacia nuestro negocio y las invita a accionar. En el esquema StoryBrand, esto es un *llamado transicional a la acción*. Si lo recuerdas, es como invitar a un potencial cliente a una cita. No les estamos pidiendo que se comprometan al matrimonio, solo que pasen un poco más de tiempo con nosotros.

Cómo crear un captador de clientes irresistible

Para combatir el ruido en el mercado de hoy, tu captador de clientes debe cumplir dos condiciones:

1. Brindar un valor enorme para tu cliente.
2. Establecerte como una autoridad en tu campo.

Como mencioné antes, el año en que comenzamos Story-Brand nuestro primer captador de clientes fue un documento sencillo para descargar (en formato PDF) llamado «Cinco cosas que tu sitio web debería incluir». Fue sumamente exitoso. Lo descargaron más de cuarenta mil personas, lo que me permitió enviar recordatorios por correo electrónico sobre nuestros próximos talleres de *marketing* de StoryBrand. Reconozco que ese captador de clientes fue el responsable de que nuestra empresa haya superado los dos millones de dólares. A partir de ahí, elaboramos una serie de videos gratuita a la que llamamos «Rediseña tu *marketing* en cinco minutos» (5MinutesMarketingMakeover.com), la cual catapultó a nuestro captador de clientes a otro nivel. Ya no teníamos que luchar a brazo partido para generar ventas. Ahora hemos creado captadores de clientes para cada fuente de ingreso que provee nuestra compañía. Esto nos permite dividir a nuestros clientes a partir de sus intereses y ofrecerles diferentes productos para resolver todos sus problemas.

Existen infinitas opciones para crear captadores de clientes. Nuestros asesores de StoryBrand han sido sumamente creativos al generar unos que ofrezcan información valiosa a cambio de un dato de contacto. De todos los que han creado para nuestros clientes, hay cinco tipos que son los más efectivos.

Cinco tipos de captadores de clientes para todo tipo de negocios

1. **Guía para descargar:** Esta es una forma asombrosa y económica de captar clientes, y es la que usamos cuando lanzamos StoryBrand. Debes ser específico. Si eres un mercado local que vende productos agrícolas, ofrece recetas mensuales o consejos para cuidar un jardín.

2. **Curso o seminario en línea:** Brindar un curso o seminario en línea corto requiere esfuerzo, pero también en la actualidad es más fácil que nunca. Si eres un experto en algo y quieres posicionarte como tal en el mercado, brinda una capacitación gratuita en línea a cambio de una dirección de correo electrónico. Haciendo esto, te posicionas como un experto, creas reciprocidad y ganas la confianza de tu cliente.

3. **Demostraciones de *software* o prueba gratuita:** Esto ha funcionado de maravilla para muchos negocios. ¿Recuerdas que AOL a principios de la década de 1990 enviaba un CD de demostración por correo con mil horas de navegación de internet gratuita por cuarenta y cinco días? Funcionó de maravilla. Internet ha cambiado desde entonces, pero los principios de *marketing* siguen siendo los mismos.

4. **Pruebas gratis:** Mi esposa, Betsy, compra comidas listas para preparar de un negocio llamado Blue Apron. Para

atraer más clientes, ellos le dan «degustaciones gratuitas de platos» que mi esposa puede enviar a amigos y familiares. Algunos de ellos las probaron y terminaron convirtiéndose en compradores.

5. **Eventos en vivo:** Si alguna vez has entrado a una tienda de mascotas grande como Petco, es probable que hayas visto invitaciones a clases de adiestramiento canino gratuitas. Incluso aunque seas una empresa más pequeña, organizar una clase trimestral es una idea magnífica para construir una pequeña base de datos de clientes calificados.

¿Sigues atascado? Toma ideas de estos ejemplos

Una clave para tener un captador de clientes efectivo es ponerle un título irresistible. Estos son algunos ejemplos que he visto que funcionaron bien. No necesitas reinventar la rueda. Aprovecha estos ejemplos que dieron resultado y haz algo similar.

«Cinco errores que comete la gente con su primer millón de dólares» — Una guía en PDF para descargar que ofrecía un asesor financiero con el fin de encontrar clientes jóvenes y adinerados para ayudarlos con su planificación financiera.

«Construye la casa de tus sueños: diez cosas que debes saber antes de construir» — Un libro digital que regalaba una arquitecta para posicionarse como la guía de familias que querían construir una casa a la medida.

«Club de cócteles: aprende a hacer un cóctel nuevo por mes» — Un evento mensual que sorprendentemente organizaba una tienda de jardinería para enseñarles a los asistentes a mezclar licores amargos y siropes simples con hierbas. El objetivo de esta promoción era crear una comunidad alrededor de su tienda. El negocio está creciendo (o, mejor dicho, floreciendo) porque la gente no se quiere perder sus novedosas clases.

«Conviértete en un orador profesional» — Un curso en línea gratuito que ofrecía un profesor de oratoria para aquellos que querían convertirse en conferencistas profesionales. Esto atraía a los clientes a suscribirse a largo plazo a sus servicios de capacitación.

Las ideas son infinitas. Ahora que sabes cómo funcionan los captadores de clientes y cuáles dan mejores resultados, los verás en todos lados. Siempre ten una lista con ideas posibles. Si alguna te parece bien potente, ponte a trabajar y crea tu propia versión. Aquí la clave es evitar caer en una «parálisis por análisis». El modo mejor y más fácil de comenzar es con una guía para descargar en PDF. Si no eres escritor, no te preocupes, puedes contratar uno. Además, puedes encontrar algunos asesores certificados de StoryBrand estupendos en nuestro directorio de MarketingMadeSimple.com.

También puedes emplear las herramientas de inteligencia artificial que hay en StoryBrand.AI. Cuando las utilices, se te dará una lista de posibles títulos para captadores de clientes y frases que puedes emplear para el texto.

PASO CINCO: CREAR UNA CAMPAÑA AUTOMATIZADA POR CORREO ELECTRÓNICO O MENSAJES DE TEXTO

A mediados de mis veinte, luego de viajar por todo el país durante un año en una furgoneta Volkswagen, conseguí trabajo en el almacén de una empresa editorial en las afueras de Portland, Oregón. La propuesta me llegó de casualidad. El padre de un amigo era el dueño de la empresa y sabía que yo necesitaba un empleo. Sin embargo, le estoy agradecido. Trabajar en la industria editorial, incluso en un puesto básico, me ayudó a enamorarme del proceso de hacer y vender libros, y luego de escribirlos yo mismo.

Unos años después de haber conseguido ese puesto, me pusieron a cargo de la empresa. Fue una jugada no intencional de parte del dueño, porque los demás empleados estaban jubilándose o tomando otros empleos y el dueño me iba ascendiendo de forma «provisoria». No obstante, una temporada, él contrató a un asesor para ayudarlo a descubrir cómo hacer crecer su negocio, y después de estudiar los números, el asesor me señaló y dijo: «Págale a ese chico por comisión y déjalo hacer lo que quiera». Yo estaba tan sorprendido como mi jefe. Sin que ninguno de nosotros nos diéramos cuenta, la compañía había comenzado a crecer mientras yo estaba en el timón. Cuando nos sentamos y miramos los números en detalle, entendimos la razón. Te aseguro que tenía poco que ver con mi competencia en ese momento.

Justo antes de que me promovieran, había descubierto un *software* llamado FileMaker Pro que utilizábamos para administrar nuestra base de datos y tomar los pedidos. Todos los días me presentaba en la oficia y jugaba con él, hasta que un día me di cuenta de que podíamos usarlo para ver quiénes habían hecho los mayores pedidos, crear automáticamente una lista de direcciones, y luego enviarles cartas de agradecimiento por el correo tradicional. Todo esto es el *marketing* común de hoy en día, pero en esa época era una tecnología casi nueva. Todos los meses enviaba cerca de doscientas cartas a los negocios que compraban la mayor cantidad de copias de nuestros libros. Ese simple gesto nos hizo ganarnos su confianza y nos diferenciaba de otras editoriales, lo cual, según nuestro asesor, generaba una suma más grande de dinero.

Para ser sincero, las cartas que les escribía a nuestros clientes no eran muy buenas. ¡Una de ellas hablaba de un viaje de campamento que había hecho de niño! De seguro no eran prosa shakesperiana.

Hoy en día mis correos electrónicos tienen mucha más respuesta, pero si miro hacia atrás, incluso esas cartas precarias funcionaron para que el negocio creciera. De hecho, dudo que muchos de nuestros clientes siquiera las leyeran.

Entonces, ¿por qué la empresa creció si la gente no las leía?

En retrospectiva, me di cuenta de que todos los meses les recordábamos a nuestros clientes más importantes que existíamos. Cada vez que uno de ellos veía una carta y la tiraba a la basura, incluso sin leerla, al menos nuestro logo se cruzaba con su mirada.

El contenido es importante, pero el punto aquí es el gran poder que tiene recordarles a tus clientes que existes. En ese momento yo era joven y bastante inexperto, pero había descubierto algo. Es posible que tu cliente no necesite tu producto hoy o mañana, pero el día que lo necesite, debes asegurarte de que recuerde quién eres, qué ofreces y dónde puede encontrarte si quiere comprarlo.

Envía regularmente correos electrónicos valiosos a tus potenciales clientes

Los días de la correspondencia directa no han terminado por completo, pero de más está decir que los correos electrónicos y los mensajes de texto han tomado el control en gran medida. Mi empresa no estaría donde está si no hubiese construido una gran lista de correos electrónicos. Como recolectamos esa información, podemos ganarnos la confianza ofreciendo un valor gratuito: invitar a los clientes a seminarios en línea o transmisiones en vivo que sean prácticas para ellos, regalar cantidades enormes de contenido, ofrecer el uso gratuito de nuestras herramientas de *software* y, por supuesto, avisarles cuando lanzo un libro o un producto nuevo.

Ahora que has obtenido las direcciones a través de un captador de clientes, el próximo paso es crear una campaña automatizada de mensajes que provean un valor y aumenten la confianza.

Además, una estrategia como esta es una forma excelente de recordarles a tus clientes que existes. Y si es que abren tu correo electrónico (te sorprendería la cantidad de gente que efectivamente lo hace), entonces es una maravillosa oportunidad para invitarlos a una historia en la que el valor que les brindas puede cambiar sus vidas.

¿Qué es una campaña automatizada por correo electrónico? Es una secuencia de mensajes escritos de antemano que comienzan a enviarse una vez que una persona se agrega a tu lista. Algunos lo llaman «serie de respuestas automáticas», pero la idea es invitar a los clientes a una narrativa que los ilustre y construya una relación contigo.

También podemos crear esa misma experiencia de fomentar la confianza mediante mensajes de texto. En los mensajes de texto las frases deben ser cortas y puedes incluir enlaces a herramientas útiles o emplearlos solo para anuncios de ventas u ofertas especiales. Por cierto, los mensajes de texto también son una forma eficaz de mantener tu marca en la mente de la gente mucho antes y mucho después de que realicen una compra. De hecho, yo recibo mensajes de texto de rutina de una marca llamada Hanks Belts que vende cinturones. Nunca fui muy fanático de los cinturones, pero cuando compré uno de esta marca como regalo de Navidad para mi suegro, la empresa me envió mensajes de texto casi todos los días durante meses. Para mi sorpresa, los mensajes nunca me molestaron, solían ser ofertas especiales o anuncios del lanzamiento de un nuevo producto o de una línea nueva de cinturones, y debo confesar que me resultaban interesantes. Más tarde, cuando necesité un nuevo cinturón negro de vestir, de inmediato pensé en Hanks Belts, visité su sitio e hice la compra. No solo eso, sino que además les hablé a mis amigos de esta marca. Tal vez pienses que lo hice porque fabrican muy buenos cinturones, pero la verdad es que ese no es el motivo. Muchas empresas fabrican buenos cinturones, pero yo les hablé de esta marca porque se ganó un lugar en mi mente al enviarme mensajes de texto de forma tan frecuente. En otras palabras, me *obligaron* a acordarme de ellos al mantenerse en contacto y recordarme su existencia. En resumen, esto habla del poder del *marketing* por medio del correo electrónico y los mensajes de texto.

¿ALGUIEN LEE ESTAS COSAS?

No te preocupes si el porcentaje que abre tus correos electrónicos es bajo. Lo habitual en la industria es veinte por ciento, así que cualquier resultado mayor a eso es un buen rendimiento. Recuerda que aunque una persona vea y elimine un correo electrónico, ya has logrado el objetivo, que es dejar una «marca» en su universo.

Si alguien cancela la suscripción de tu lista, es algo bueno. Lo más probable es que esa persona nunca te fuera a comprar algo de todos modos; además, quitar una dirección de correo de tu lista reduce el tamaño de la misma, así que no le estarás pagando a tu proveedor de servicios de correo electrónico por un mensaje que el cliente no quiere. Lo último que deseas hacer con tu *marketing* es molestar a alguien; por eso, si una persona se da de baja, resulta mejor. Es más importante tener una lista de suscriptores calificados e interesados que una cantidad enorme de gente que nunca tenga la intención de realizar un pedido.

Yo estoy suscripto a muchas listas y casi nunca abro sus correos electrónicos. ¿Por qué no cancelo mi suscripción? Porque, más o menos, cada veinte mensajes, envían alguno que de verdad quiero abrir. Sin embargo, incluso los que no abro logran con efectividad marcar en mi consciente el nombre de esas empresas y, por lo tanto, están en mi lista mental de opciones para cuando al fin necesite alguno de los productos que ellos venden.

Cómo comenzar con el *marketing* por medio de correos electrónicos y mensajes de texto

Más adelante voy a hablar sobre el *marketing* por mensajes de texto, pero primero hablemos de las campañas por correo electrónico y cómo pueden ayudarte para que tu negocio crezca. Si bien hay muchos tipos de campañas automatizadas, la que nosotros recomendamos para comenzar es la *campaña de nutrición*, que consiste en un simple correo electrónico que les ofrece a tus suscriptores información valiosa en lo que respecta a tus productos o servicios.

Al igual que con los captadores de clientes, quieres que estos correos electrónicos continúen posicionándote como el guía para generar confianza y reciprocidad con los potenciales clientes. En algún momento vas a hacer una oferta de venta, pero ese no es el objetivo principal aquí. Una típica campaña de nutrición puede enviar un correo por semana y el orden puede ser algo así:

Correo electrónico 1: Mensaje de nutrición
Correo electrónico 2: Mensaje de nutrición
Correo electrónico 3: Mensaje de nutrición
Correo electrónico 4: Mensaje de ventas con un llamado a
la acción

El patrón de enviar tres mensajes de nutrición seguidos por un mensaje de ventas puede repetirse todos los meses durante el tiempo que quieras. Algunas marcas nunca detienen el flujo, siguen enviando un número indefinido de mensajes durante todo el tiempo que el cliente siga suscripto a la lista. Para ser franco, creo que esto es *marketing* inteligente, porque nunca sabes cuándo el receptor tendrá el problema que resuelve tu producto, y cuando lo tenga, querrás que se acuerde de ti. Dicho esto, recomiendo crear material para varios meses desde antes de comenzar y luego ir añadiendo más contenido a esa campaña a medida que tengas tiempo. La idea de una campaña de nutrición es ofrecer algo muy valioso y luego de vez en cuando pedir que realicen una compra. Si tu captador de clientes logra su objetivo de añadir nuevos contactos, en poco tiempo tendrás cientos de clientes potenciales a los que se les recuerda tu negocio todas las semanas. Cuando llegue el momento de que necesiten ayuda en tu área de especialización, se acordarán de ti y realizarán un pedido.

Entonces, ¿cuál es la diferencia entre un mensaje de nutrición y uno de ventas que presenta una oferta y un llamado a la acción?

¿Qué es un correo electrónico de nutrición?

Una buena forma de redactar cada mensaje de nutrición es utilizando una fórmula eficaz que brinde consejos simples y útiles a un cliente. Yo he utilizado esta fórmula durante años porque me ayuda a ofrecer un valor claro.

Párrafo 1: Habla de un problema.

Párrafo 2: Ofrece un plan, una idea, una receta o una fórmula que resuelva el problema.

Párrafo 3: Describe cómo sería la vida si el problema se resolviera.

Párrafo 4: Si es posible, convierte el consejo en un plan de tres pasos y utilízalos como un resumen.

También recomiendo incluir una posdata, o P. D., que muchas veces es la única parte del texto que alguien que abre un correo electrónico masivo realmente leerá.

¡Eso es todo! Si logras cubrir estas cuatro áreas con la mayor eficiencia posible, lograrás redactar correos electrónicos que tus clientes abran, lean y recuerden. Además, no olvides que Story-Brand.AI puede escribir un borrador para que utilices en estos mensajes.

¿CUÁLES SON LOS ELEMENTOS DE UN BUEN CORREO ELECTRÓNICO DE NUTRICIÓN?

A continuación, explicaré cómo funciona una campaña de mensajes de nutrición. Hace poco asesoramos a la dueña de una empresa de hospedaje para perros, una residencia canina que estaba interesada en hacer crecer su negocio. Le recomendamos que creara un PDF para descargar titulado «Cinco cosas que tu perro piensa cuando no estás» a cambio de una dirección de correo electrónico de los clientes interesados. ¿Qué amante de los perros no querría leer un PDF con ese título? Era perfecto.

Unos días después de que descargaran el PDF, se les enviaría el primer mensaje de la campaña de nutrición. Ese correo electrónico era algo así:

Asunto: ¿Debería optar por la alimentación a libre demanda para mi perro?

Estimado _____:

En la residencia canina Crest Hill, muchas veces nos preguntan si está bien darles alimento sin restricciones a nuestros perros para que coman cuando quieran. Sin duda, esa es la forma más fácil de asegurarnos de que siempre tengan comida y nunca pasen hambre, pero existen algunos problemas que deberías saber si hablamos de alimentación a libre demanda. Los perros que comen de este modo con el tiempo suelen tener exceso de grasas y otros problemas de salud que pueden aparecer sin que lo notemos. Nosotros recomendamos darle a tu mascota una cantidad determinada de alimento, una o dos veces al día. Después de veinte minutos, si tu mascota no ha comido, lo recomendable es que retires las sobras y esperes hasta que sea el turno de volver a darle de comer.

Al determinar una cantidad específica de alimento y un cronograma de alimentación, podrás controlar lo que ingiere y también diagnosticar cualquier enfermedad que pueda estar sufriendo que se relacione con la pérdida de apetito. Esto te va a garantizar que tu perro esté saludable y feliz a lo largo de toda su vida.

¡Que podamos disfrutar a nuestras mascotas por mucho, mucho tiempo!

Saludos cordiales.

X

P. D.: Con respecto a cuánto debe comer cada perro, en realidad depende de la edad y el tamaño. La próxima vez que vengas a la tienda, preséntanos a tu perro y te diremos todo lo que sabemos sobre su raza.

La parte inferior de este correo electrónico contenía el logo de nuestro cliente, su frase clave y un número de teléfono en caso de que alguien estuviera listo para solicitar un servicio. Aun así, que compraran el servicio no era el interés principal de este mensaje, sino ofrecer un contenido de valor, posicionar al negocio como el guía, crear reciprocidad y, lo más importante, mostrarse cercano al cliente.

Puedes ver que recibir un correo electrónico semanal como este hace que la residencia canina de nuestro cliente tenga un lugar preponderante en la mente de cualquiera que tenga una mascota. La próxima vez que un potencial cliente tenga que salir de la ciudad de forma repentina, recordará con cariño este lugar y llevará a su perro para que se quede allí.

Después de tres correos electrónicos más similares a este, nuestro cliente envió un cuarto que contenía una oferta y un llamado a la acción.

Cómo escribir el correo electrónico con la oferta y el llamado a la acción

Aproximadamente uno de cada tres o cuatro mensajes de una campaña de nutrición debería ofrecer un producto o servicio que el cliente pueda comprar. La clave aquí es ser directo. Hacer una oferta pasiva solo te hará ver débil, así que ten en cuenta que tu correo electrónico de venta solo es eso: un mensaje que vende algo.

LA FÓRMULA DE VENTAS QUE PREFERIMOS ES ALGO ASÍ:

Párrafo 1: Habla del problema del cliente.

Párrafo 2: Describe un producto que ofreces que resuelve este problema.

Párrafo 3: Explica cómo será la vida del cliente una vez que el problema esté resuelto.

Párrafo 4: Garantiza que comprar tu producto es la decisión correcta si quieren resolver el problema. Diles cuánto cuesta, menciona cualquier descuento especial o bonificación, y luego invita al cliente a realizar un pedido.

UN BUEN CORREO ELECTRÓNICO DE
OFERTA Y LLAMADO A LA ACCIÓN

Al igual que el mensaje de nutrición, el de oferta y llamado a la acción tiene como objetivo resolver un problema. La única diferencia radica en que la solución *es tu producto* y se añade un llamado a la acción convincente. Estás invitando a este cliente a hacer negocios contigo. Aquí tienes un mensaje que escribimos para la residencia canina Crest Hill:

Asunto: Una solución para el temor a dejar a tu perro

Estimado _____:

Si eres como nosotros, también detestas dejar a tu perro cuando sales de la ciudad y odias la idea de que esté encerrado en una jaula junto a un montón de otros perros que ladran y le generan estrés. Como amantes de las mascotas que somos, también solíamos rechazar ese sentimiento y por eso creamos la residencia canina Crest Hill.

En Crest Hill tu perro juega tanto durante todo el día, que está ansioso por acostarse en la noche. Tenemos tres empleados a tiempo completo que les arrojan pelotas de tenis e incitan a los perros a correr y jugar de modo que estén demasiado entretenidos para darse cuenta de que están en cualquier otro lugar que no sea el paraíso. Esto significa que al final del día todos los otros perros también están deseosos de dormir, por eso tu mascota descansará cómoda en un ambiente tranquilo. No creerás el silencio que reina en nuestra residencia cuando acostamos a los perros a las ocho de la noche.

Ahora puedes reservar tres noches en Crest Hill a mitad de precio. Es una oferta única para poder mostrarte que cuidamos a tu mascota de una forma diferente. Creemos que cuando veas lo ansioso que estará tu perro por quedarse con nosotros, te sentirás mejor si es que tienes que viajar fuera de la ciudad. No más culpa. No más despedidas tristes.

Para aprovechar esta oferta, solo tienes que llamarnos. No es necesario que sepas la fecha en que viajarás. Nada más te registraremos en nuestro sistema para que puedas aprovechar la oferta.

Llámanos hoy al 555-5555.

No vemos la hora de que tu perro experimente la diferencia de Crest Hill.

Saludos cordiales.

X

P. D.: Asegúrate de llamar hoy. Solo te tomará unos minutos y quedarás en nuestro sistema para siempre. Una vez que nos llames, el segundo hogar favorito de tu mascota estará esperándolo para cuando necesites una solución segura, confiable y divertida.

Para escribir este mensaje se utilizó una gran cantidad de contenido del guion de marca de Crest Hill, incluyendo el problema externo y el interno junto con frases de la sección del éxito. La idea de este correo electrónico es que, cuando el suscriptor aproveche la oferta de Crest Hill, una de sus preocupaciones quedará resuelta.

Fíjate que el llamado a la acción es contundente y contiene un elemento de escasez: es una oferta por una única vez. Cualquiera que lea este mensaje sabrá con exactitud lo que queremos que hagan: llamar y asegurar su descuento para poder dejar a su perro en Crest Hill más adelante.

¿Qué *software* deberíamos usar?

Hay muchas opciones de programas para crear una campaña automatizada. Si trabajas con un diseñador o una agencia de publicidad, es una pregunta que deberías hacerles a ellos. Es mejor que tu diseñador trabaje con el programa que está acostumbrado a utilizar. Nosotros somos fanáticos de Keap, porque este *software* de CRM está diseñado para negocios que tienen entre uno y veinticinco mil suscriptores, lo cual cubre las necesidades de la mayoría de las empresas, desde pequeñas hasta medianas. Keap también trabajó con nosotros para ayudarnos a desarrollar nuestras herramientas de inteligencia artificial y son expertos en el tema.

Comienza por algo pequeño

Lanzar y poner en funcionamiento una campaña de correos electrónicos puede ser algo intimidante, pero el proceso de crear y utilizar un programa de CRM no tiene que ser una experiencia atemorizante. Empieza por algo a una escala pequeña. Para comenzar, solo abre un documento de Word y redacta un borrador para tus mensajes o, mejor, utiliza StoryBrand.AI para crear borradores y luego edítalos como gustes. Puedes escribir esos mensajes en un correo electrónico o un programa de CRM más adelante. Redactar ese mensaje inicial es el primer paso. Una vez que lo vuelvas a leer, desearás enviárselo a tus clientes. Ese es el comienzo. Cuando logres automatizar esos mensajes, vas a obtener resultados, lo cual te entusiasmará y querrás escribir más. Antes de que te des cuenta, tendrás una campaña de comunicación sólida que atraerá clientes a toda hora del día, incluso mientras duermes.

PASO SEIS: RECOPILAR Y CONTAR HISTORIAS DE TRANSFORMACIÓN

Como aprendimos anteriormente en este libro, hay pocas cosas más fundamentales para que una historia sea atractiva que la transformación de un héroe. ¿Por qué? Porque la transformación es un deseo vital de cualquier ser humano. Es por eso que tantas historias hablan del héroe que deviene en una mejor versión de sí mismo; en especial, en una persona competente para derrotar al villano y resolver su problema.

La gente ama las películas de personajes que evolucionan, así como también a los negocios que los ayudan a experimentar un cambio. Una de las mejores formas de demostrar cómo podemos ayudar a nuestros clientes a transformarse es a través de los testimonios.

Los buenos testimonios les ofrecen a los futuros clientes el regalo de ser los segundos. El desafío está en conseguir el testimonio correcto: uno que resalte tu valor (los resultados que les brindas a tus clientes) y la experiencia de las personas que han trabajado contigo. Por lo general, pedir un testimonio nada más no es algo que funciona, porque los clientes suelen compartir sus sentimientos sobre ti. «¡Nancy es una gran amiga! Recomendamos a Nancy y a su equipo».

Si bien esas son palabras lindas, no cuentan su historia de cambio. En un testimonio así no se mencionan resultados específicos o detalles sobre cómo es su vida ahora que ha sido transformado.

Si les pides a los clientes que escriban un testimonio para ti, es probable que ellos estén (1) demasiado ocupados para pensar profundamente al escribirlo o (2) que no sean buenos escritores o comunicadores.

Para tejer una historia emocionante de transformación debes hacer las preguntas correctas, porque necesitas materia prima con la que trabajar. Las siguientes preguntas te permitirán construir un banco de testimonios cautivantes que funcionen con casi cualquier cliente de forma rápida y fácil.

Estas preguntas funcionan porque «conducen» al cliente por una línea de pensamiento específica. Solo debes utilizarlas para crear un formulario que las personas puedan completar. Una vez que lo hagan, el flujo natural de las oraciones te permitirá copiar y pegar las respuestas para elaborar un caso de estudio del cliente.

También pueden utilizarse para grabar testimonios en video. Solo invita a tus clientes a una entrevista y hazles las siguientes preguntas. Cuando el video esté editado y se le haya agregado el material adicional, puedes mostrarlo en tu sitio web, en una campaña de correos electrónicos de nutrición o de ventas, o en tu página de inicio.

Aquí tienes cinco preguntas que te podrán ayudar a generar las mejores respuestas para el testimonio de un cliente:

1. ¿Qué problema tenías antes de descubrir nuestro producto?
2. ¿Cómo describirías la sensación de frustración cuando intentabas resolverlo?
3. ¿Cuál fue la diferencia en cuanto a nuestro producto?
4. Háblanos del momento en el que descubriste que nuestro producto funcionaba para resolver el problema de verdad.
5. Cuéntanos cómo es tu vida ahora que tu problema está resuelto o se está resolviendo.

Verás que este conjunto de preguntas va armando una historia de transformación de forma natural. Cuando tengas el testimonio editado, muéstralo en todos lados: mensajes, videos promocionales, minipresentaciones, entrevistas en directo o eventos. En una temporada cerramos cada episodio del pódcast *Building a Story-Brand* [Cómo construir tu StoryBrand] con una entrevista a alguien que transformó su negocio y su vida al poner en práctica el esquema. La respuesta fue impresionante. Notamos un aumento inmediato en las compras del libro y mucho interés por convertirse en asesores certificados.

La cuestión es que la gente se siente atraída por la transformación. Cuando la ven en otros, también la quieren para ellos mismos. Cuanto más mostremos el camino de transformación que nuestros clientes experimentaron, más rápido crecerá nuestro negocio.

PASO SIETE: CREAR UN SISTEMA QUE GENERE RECOMENDACIONES

Si le preguntas a cualquier dueño de un negocio cómo consigue nuevos clientes, la mayoría dirá que con el «boca a boca». Entonces, pareciera obvio pensar que todos los negocios tienen un sistema para generar más recomendaciones de boca en boca. Por desgracia, ese casi nunca es el caso.

Una vez que creas un sistema que convierte a los clientes potenciales en reales, el paso final es dar la vuelta e invitar a los clientes felices a convertirse en embajadores de tu marca. Esto solo sucederá si ideas un sistema que invite e incentive a la gente a correr la voz. Varios estudios de la American Marketing Association [Asociación Estadounidense de *Marketing*] han demostrado que las referencias y recomendaciones de los pares generan 2,5 veces más respuestas que cualquier otro canal de publicidad. Un esfuerzo de *marketing* que podría aumentar la eficacia en un doscientos cincuenta por ciento es algo que debemos tomar con seriedad. Si ya has terminado el trabajo simple y divertido de crear tu guion de marca de StoryBrand, a esta altura tu mensaje debería ser claro. Cuando generas un proceso que incentiva a las personas a recomendar tu marca, haces que cada vez más gente les repita el mensaje a sus amigos y familiares.

Veamos paso por paso lo que se precisa para crear un sistema de recomendaciones y referencias efectivo.

Identificar a tus clientes ideales existentes

En la parte superior del sitio web actual de Domino's Pizza hay un enlace que dice: «¿Todavía no tienes un perfil de *pizza*? Crea uno». A pesar de estar en letra pequeña, es probable que ese enlace sea un gran generador de dinero. Quienes encargan con frecuencia *pizza* de esta cadena de restaurantes utilizan este enlace para confeccionar su *pizza* perfecta y luego ingresan la información de su tarjeta de crédito para hacer el pedido. Entonces, Domino's les envía avisos ocasionales para que vuelvan a comprar, en especial antes de eventos importantes como partidos de fútbol o fines de semana largos, cuando saben que sus clientes disfrutarán más de sus productos.

Ahora imagina que llevas esa estrategia al siguiente nivel. ¿Qué pasaría si crear una base de datos especial de clientes actuales apasionados y comunicarse con ellos de forma diferente pudiera ayudarte a generar recomendaciones? Es posible desarrollar una campaña simple con herramientas que tus fanáticos puedan utilizar para correr la voz sobre tu marca. No solo podrías lograr que tu negocio actual crezca, sino también que muchos de estos clientes felices se convirtieran en un equipo de ventas activo e invitaran a otros. ¿Cómo puedes hacerlo? Es sencillo. Envía correos electrónicos o mensajes de texto a tu lista con la oferta de una bonificación especial por contarles a sus amigos. Por ejemplo, puedes ofrecer «un mes gratis» o «un código de descuento especial» que pueda utilizarse cuando le envíen a un amigo o un familiar el enlace que les has suministrado.

La clave aquí es elegir tecnología que sea fácil de utilizar. Puedes enviarles su propio enlace. O si tu producto es de un valor elevado, hasta puedes diseñar una página de inicio para que tu cliente la utilice. Sin embargo, la manera más sencilla es ofrecer un descuento para «familiares y amigos» en forma de un código de cupón específico que puedan compartir con otros.

Darles a tus clientes una herramienta útil que puedan utilizar para correr la voz

Hace algunos años utilicé los servicios de una agencia de asesoría que, como parte de su sistema, me pidió una lista de referencias. Esa solicitud me incomodó de inmediato. Sentí que querían utilizarme por mis contactos o, peor, convertirme en uno de sus vendedores.

Dicho esto, el servicio que brindaban era bueno, y si hubieran hecho la solicitud de otra forma, habría accedido. En especial, me hubiera resultado más agradable si hubiesen creado una cápsula en video que fuera valiosa para mis amigos. Compartiría mucho más rápido un video con ellos que sus direcciones de correo electrónico con la agencia.

Piensa en crear un PDF o un video que puedas enviarles de forma automática a los clientes nuevos y felices junto con un mensaje que diga algo así:

Estimado amigo:

Gracias por ser parte de nuestro negocio. Muchos de nuestros clientes han querido contarles a sus amigos sobre cómo los ayudamos a ellos, pero no saben bien cómo hacerlo. Por eso, creamos un pequeño video que ayudará a tus amigos a resolver el problema X. Si tienes algún conocido con el problema X, puedes enviárselo. Estaremos felices de seguir en contacto con ellos y te avisaremos si pudimos ayudarlos. ¡Te daremos todo el crédito!

Sabemos que valoras tus relaciones y nosotros también. Si tus amigos están pasando por un problema que te hayamos ayudado a resolver a ti, nos encantaría ayudarlos también. Si hay algo que podamos hacer, por favor, avísanos.

Saludos cordiales.

Nancy

P.D.: El problema X puede ser frustrante. Si prefieres presentarnos a un amigo en persona, solo dínoslo y estaremos felices de reunirnos con él o ella en su lugar de trabajo o en nuestra oficina.

Ofrece una recompensa

Si de verdad quieres darle un impulso a tu negocio, puedes brindarles una recompensa a los clientes que recomienden o refieran a sus amigos. Como mencioné antes, mi esposa ha invitado a muchas amigas a probar Blue Apron, una empresa que envía directo a tu puerta comidas listas para cocinar. Muchas de sus amigas han disfrutado de los servicios y terminaron contratándolos. Betsy recibe una recompensa de Blue Apron cada vez que alguien se inscribe.

Otra forma de ofrecer una recompensa es comenzando un programa de recomendados. Puedes otorgarles a tus clientes una comisión del diez por ciento de los pedidos que consigan. Este sistema ha generado millones de dólares de facturación para miles de empresas. Un buen programa de referidos puede hacer la tarea de un costoso equipo de ventas si estructuras bien los porcentajes.

Automatiza el trabajo

El sistema de recomendaciones más fácil y rápido puede hacerse de manera automática utilizando Keap o cualquier otro CRM. Si alguien realiza uno o dos pedidos en una campaña automatizada que les ofrece un video explicativo o un PDF que pueden compartir, dale una recompensa adicional o incluso una comisión por hablarles de ti a sus amigos.

Algunos sistemas de referencias del mundo real

Implementar un sistema de referencias lleva mucho trabajo, pero también es muy eficaz. Puedes inspirarte con algunos de estos ejemplos:

Reintegro del cien por ciento cada tres referidos en un semestre. Esta fue la idea de una academia extraescolar que preparaba a estudiantes de secundaria para los exámenes de admisión a la universidad, pero bien podría haberse tratado de un oftalmólogo o una masajista. Se les daba a los padres una tarjeta de recomendación para que le regalaran a sus amigos, muchos de los cuales tenían hijos casi de la misma edad. Cada vez que una de las tarjetas regresaba a la academia, al padre o la madre que había hecho la recomendación se le acreditaban cientos de dólares, porque estos cursos eran costosos.

Cuando recomendaba a tres nuevos estudiantes inscritos, el referente recibía un reintegro del cien por ciento en la matrícula. De seguro, los hijos competían en cuanto a los resultados de los exámenes, pero los padres terminaron compitiendo para lograr referidos y el negocio se disparó. La academia también ofrecía seminarios para padres y estudiantes del Club de Recomendados.

Cupones para invitar amigos. Cuando las personas se inscribían a las clases de golf, el club le ofrecía a cada nuevo estudiante varios cupones para regalarle un balde de pelotas a un amigo. Si bien el golf es un deporte individual, es una actividad social, ya que las personas disfrutan de jugar con otras. El curso experimentó un aumento del cuarenta por ciento en las matrículas gracias a la voz que se corrió con tanta eficacia.

Fiesta de inauguración. Siempre que un contratista de construcción terminaba una gran terraza de madera o un proyecto de remodelación, les preguntaba a los dueños de la casa si estarían dispuestos a dar una fiesta de inauguración a cambio de un pequeño descuento. Se invitaba a amigos, familiares y vecinos a una barbacoa al aire libre en el porche recién construido. El contratista utilizaba esta oportunidad para explicar cómo se había realizado el trabajo y repartir tarjetas. Con solo unas pocas fiestas de inauguración, el contratista completaba su calendario para los siguientes doce meses.

Fotos adicionales sin cargo. Una fotógrafa de bodas en Siracusa, Nueva York, les ofrecía a las parejas un retrato gratuito en su primer aniversario de bodas a cambio de proporcionarle tres recomendaciones de amigos al momento de la boda. Ella también realizaba un seguimiento después del casamiento enviando tarjetas para todos los invitados que expresaban cuánto le había gustado fotografiarlos. No hace falta decir que el negocio se disparó, porque la gente que asiste a fiestas de bodas a menudo se termina casando pronto también, ¡en especial si atrapan el ramo!

¿CUÁL ES TU PLAN DE *MARKETING*?

En mi época de veinteañero, pasé un año entero jugando ajedrez. Casi todos los días me reunía con un amigo en una cafetería y pasábamos largas horas enfrascados en el juego. Mis habilidades mejoraron y terminé ganando más de la mitad de mis partidas hasta que comenzó a venir otro amigo. Él me ganaba siempre, por lo general en menos de veinte movimientos.

¿Cuál era el motivo? La verdad es que yo sabía mucho sobre la filosofía del ajedrez, pero no tenía lo que se llama *apertura*. Antes de sentarnos a jugar, mi oponente, que era más habilidoso, ya sabía de antemano los primeros cinco movimientos que iba a hacer. Esta estrategia de apertura era clave para su triunfo. Una vez que memoricé algunas aperturas para mí, comencé a ganar otra vez.

Si el guion de marca de StoryBrand es la base, las siete piezas de *marketing* (o estrategias) que conforman la campaña de mensajes y *marketing* de StoryBrand deberían ser tus movimientos de apertura. Estas siete herramientas simples pero poderosas han sido utilizadas por incontables negocios para aumentar sus ingresos.

Piensa en la campaña de mensajes y *marketing* como si fuera una lista de verificación. Después de crear tu guion de marca, ponte a trabajar en cada aspecto de este manual y observa cómo se acercan tus clientes y tu empresa crece. Si necesitas ayuda para crearla o si te gustaría que un asesor de *marketing* te ayude a generar varias —tal vez una para cada división o producto que vendes— puedes encontrar una lista de asesores que certifiqué personalmente en MarketingMadeSimple.com.

Si te tomas en serio esto de crear la campaña de mensajes y *marketing* de StoryBrand, pasa una hora en StoryBrand.AI y deja que nuestro programa la genere. Cuando lo hagas, obtendrás un reporte completo que incluye: un eslogan, una frase clave, el bosquejo de un sitio web, un captador de clientes, correos electrónicos de seguimiento, un discurso de ventas, guiones narrativos para videos de YouTube y las redes sociales, temas para pódcast, más sugerencias para crear urgencia, ideas para un producto mejorado y publicaciones de redes sociales listas para usar junto con tendencias de la industria específicas para tu sector.

EPÍLOGO

Ya he perdido la cuenta de la cantidad de clientes que hemos ayudado en StoryBrand en la última década, pero sin duda son decenas de miles. Mi deseo es que este libro haya sido la mejor inversión de *marketing* que hayas hecho porque te haya ayudado en gran medida a mejorar tu material actual y también porque te haya inspirado a crear aún más material de publicidad y comunicación que funcione.

Tal vez tus productos y servicios son mucho más interesantes de lo que crees. Es probable que simplemente aún no hayas encontrado a tu público. No te desanimes. Cuando clarifiques tu mensaje, tu público te encontrará a ti.

Si de veras quieres saber más del esquema o presentárselo a tus amigos y colegas, escucha y comparte el pódcast *StoryBrand Radio Theater Presents: Pete and Joe Save Their Mother's Company* [Radio-teatro StoryBrand presenta: Pete y Joe salvan la empresa de su madre] en Audible. Nos divertimos mucho grabando esa historia y hasta tengo un pequeño papel como el fantasma de mí mismo. Tendrás que escucharlo para descubrir de qué estoy hablando. Por cierto, eso es lo que se llama un final de suspenso, ¡y deberías incorporarlo un poco en tu *marketing* también!

STORYBRAND.AI

En StoryBrand.AI puedes crear un guion de marca para clarificar tu mensaje de forma gratuita. Nuestra herramienta de inteligencia artificial también ofrece una campaña de comunicación y *marketing* de StoryBrand que incluye: un eslogan, una frase clave, el bosquejo de un sitio web, un captador de clientes, correos electrónicos de seguimiento, un discurso de ventas, guiones narrativos para videos de YouTube y redes sociales, temas para pódcast, más sugerencias para crear urgencia, ideas para un producto mejorado y publicaciones de redes sociales listas para usar junto con tendencias de la industria específicas para tu sector. Nuestra campaña de *marketing* y comunicación es perfecta para dueños de negocios pequeños, cualquiera que dirija una empresa, directores de *marketing* y ventas, y representantes de cuenta. El generador de campañas también funcionará para proponer ideas acerca de un nuevo producto o marca.

Ingresa en StoryBrand.AI

AGRADECIMIENTOS

Le agradezco a Kyle Reid, Tyler Ginn, Chad Cannon, Emily Pastina, Tim Schurrer, Koula Callahan, Kyle Reed, Avery Csorba, J. J. Peterson, Chad Snavely, Suzanne Norman, Matt Harris, Aaron Alfrey, Lucas Alley, Tyler Bridges, Sam Buchholz, Zach Grusznski, Dagne Saito, Andy Harrison, Hannah Hitchcox, Marlee Joseph, Kelley Kirker, Kari Loncar, Ben Landheer, Josh Landrum, Paige McQueen, Amanda Mitchell, James Mitchell, Carey Murdock, Luke Pastina, Etsy Pitman, Bobby Richards, Macy Robison, Prentice Sims, Hilary Smith, James Sweeting, Jordan Tatro, Taylor Wellman y Betsy Miller por ayudarme a construir StoryBrand. Su trabajo incansable en nombre de nuestros clientes ha ayudado a miles de negocios a conectar con su público, contratar más gente y resolver los problemas de sus clientes. Este equipo es más que un grupo de empleados; ellos son familia.

También le agradezco a Mike Kim, quien me ayudó a editar la primera edición de este libro. A Webster Younce, Heather Skelton y Brigitta Nortker de HarperCollins, que también aportaron al libro de manera significativa con sus ediciones y adiciones cuidadosas.

Un agradecimiento especial a Brandon Dickerson por su ayuda para desarrollar la evidencia comercial del esquema.

Por último, gracias a ti. Gracias por atreverte a hacer y vender productos, por resolver los problemas de tus clientes, ayudar a los héroes a encontrar su hogar y poner las historias de tus clientes por encima de la tuya. Como dije al principio, deseo que tengas una gran recompensa por poner a tu cliente primero e invitarlo a ser parte de una historia que resuelva su problema y lo ayude a triunfar.

ACERCA DEL AUTOR

Donald Miller es director ejecutivo de Coach Builder y Story-Brand.AI. Es autor de varios libros incluyendo *Cómo construir una StoryBrand, Un héroe con una misión* y *Cómo hacer crecer tu negocio.* Su último libro es *Coach Builder: How to Turn Your Expertise Into a Profitable Coaching Career.* Donald vive en Nashville, Tennessee, con su esposa Elizabeth y su hija Emmeline.

ELOGIOS RECIBIDOS POR EL ESQUEMA STORYBRAND

«Antes de conocer StoryBrand, los clientes no lograban verse reflejados en nuestras ofertas. Somos una agencia de empleo que se especializa en ayudar a las empresas a encontrar y contratar a las personas indicadas. Las ayudamos con el proceso posterior a las solicitudes, evaluamos candidatos y brindamos un sistema para su seguimiento. Sin embargo, tristemente, antes nuestro mensaje hablaba solo de nosotros y nuestras fortalezas, en vez de hablar de las necesidades de nuestro cliente. Además, nuestro material de *marketing* era demasiado complicado o difícil de entender. Después de consultar a un asesor de StoryBrand, logramos clarificar nuestro mensaje y hacer que se centrara en nuestros clientes. Revisamos nuestro proceso de ventas y comenzamos a escuchar sus necesidades, les preguntamos por sus problemas externos y cómo eso los hacía sentir en su trabajo diario. Los resultados fueron inmediatos. Creamos nuestro guion de marca en diciembre y pasamos un par de meses poniendo en práctica nuestro nuevo mensaje en cada parte del viaje del cliente. A los siete meses, ya habíamos visto un aumento de 118 % en los ingresos generales. Eso significa que las ventas se incrementaron más del doble. También vimos un aumento de

276 % en el número de clientes activos que pagan durante el mismo período. Y aún seguimos en crecimiento. En los últimos seis meses, hubo un aumento de los ingresos de 9 % de un mes a otro, ¡lo cual es un aumento notable!».

—EDWIN JANSEN, JEFE DE *MARKETING* EN FITZII

«La Universidad Lipscomb es una de las que más rápido creció en el sudeste, así que no era una tarea pequeña lograr que todas las historias de nuestra institución fueran claras y estuvieran alineadas con la misión. Sabíamos que eso era importante, por eso trajimos a StoryBrand para que les brindara un taller a todos los miembros del personal de la facultad. Sin duda, nos ayudó a entender quiénes éramos, a quién servíamos y qué necesitábamos comunicar para ofrecer valor. Después de consultar a StoryBrand, cada departamento sintió que era una subtrama de la gran historia de Lipscomb. La forma más tangible en la que vimos resultados fue a través de la relación con la comunidad. Dejamos de posicionarnos como los héroes y, en cambio, comenzamos a servir a una visión colectiva más amplia en Nashville. Todo esto culminó en una serie llamada *Imagina*, en la que trajimos al intendente de Nashville, al gobernador Bill Haslam y al expresidente George W. Bush para que compartieran cómo la ciudad en general y Lipscomb en particular podrían contribuir de forma positiva al mundo. Dejamos de hablar de nosotros para comenzar a servir como guías a la comunidad que nos rodeaba. A partir de ese giro dramático, se renovó la energía en torno a una visión más grande en la que nuestra universidad tendría una participación importante, y eso trajo como resultado más de cincuenta millones de dólares en donaciones que se destinarán al desarrollo. ¡Diría que los resultados han sido fantásticos!».

—JOHN LOWRY, VICEPRESIDENTE DE
DESARROLLO, UNIVERSIDAD LIPSCOMB

«Me pidieron que diera una Charla TED sobre el trabajo que hago defendiendo la terapia de protones como tratamiento para el cáncer. Al revisar las carpetas enormes de material que deseaba abordar, me di cuenta de que la tarea era colosal. No había forma de que pudiera reducir todo lo que quería decir a una charla de dieciocho minutos. Después de pasar solo un día con un asesor de StoryBrand, recuperé la esperanza. Bosquejamos mi charla en una pizarra y durante la edición del material accedí a quitar la mayoría de las cosas de las que quería hablar al principio. La charla ahora era fácil de memorizar, fluía como un cuento corto y mantenía la atención del público de principio a fin. En StoryBrand no solo me ayudaron a preparar mi Charla TED, sino también a entender cómo aprovechar mejor la defensa que había estado haciendo. Todo se reduce a mensajes simples y fáciles de repetir que cautiven a la audiencia. Sin StoryBrand nunca hubiera podido clarificar mi mensaje e informar al público sobre una causa que tanto me interesa. Con su ayuda, logré anotar un jonrón o, mejor dicho, logré un salto triple de lujo».

—Scott Hamilton, medallista olímpico, fundador de
Scott Cares y sobreviviente de cáncer en tres ocasiones

«These Numbers Have Faces [Estos números tienen rostro] es una organización sin fines de lucro que trabaja para brindar igualdad educativa en el África subsahariana, donde solo 5 % de la población asistirá a la universidad. Antes de consultar con StoryBrand, nuestro mayor problema era que estábamos posicionándonos como los héroes. Hablábamos más de nuestra organización que de nuestros estudiantes o contribuyentes. Cuando nos referíamos a la problemática de nuestros estudiantes, apelábamos a sus problemas externos y no a los internos, lo cual ahora sabemos que es una forma limitada de encarar nuestro mensaje. Después de asistir al taller de StoryBrand, revisamos nuestra comunicación. Comenzamos a conectar a los donantes con la narrativa de la misión en nuestros correos electrónicos y contamos las historias de nuestros heroicos estudiantes en las redes sociales. Utilizamos nuestro guion de marca para hacer un borrador del reporte de fin de año, que fue muy bien recibido. Este año estamos en camino a recaudar más dinero que nunca. Superamos nuestro objetivo de recaudación con creces. Comenzaremos el próximo año con la mayor ventaja económica que hayamos tenido jamás. La confianza del equipo, los donantes y los estudiantes está en su punto más alto de la historia».

—Justin Zoradi, director ejecutivo de
These Numbers Have Faces

«Cuando EntreLeadership pasó de ser una marca que solo organizaba eventos en vivo a ser un servicio de asesoramiento completo para dueños de pequeñas empresas, comenzamos a tener dificultades para explicar lo que hacíamos y cómo lo hacíamos. Aunque durante años fuimos nosotros mismos quienes escribíamos los textos y actualizábamos el sitio web, la realidad es que la mayoría de las veces solo estábamos adivinando cuál era la mejor forma de expresar las cosas. Como resultado, las personas no entendían nuestro servicio de la forma que pensábamos que lo hacían. Esto resultaba frustrante, porque el valor de nuestro programa era muy evidente para nosotros. El error que cometimos fue dar por sentado que también era obvio para nuestros clientes. Nosotros estábamos claros... ellos estaban confundidos. Eso no vende. Sabía que éramos capaces de obtener mejores resultados y una conexión más efectiva con nuestro público, pero no estaba seguro de cómo lograrlo. Luego trajimos a un asesor certificado, nos sentamos como equipo para revisar nuestro mundo entero bajo su lente del esquema StoryBrand, y ahí se volvió sumamente clara la manera en que debíamos explicar nuestro servicio de asesoramiento. EntreLeadership ha crecido de manera significativa y vamos camino a tener más del doble de miembros en los próximos dos años. El esquema StoryBrand es un recurso de valor incalculable, y ahora espero que nuestros especialistas en *marketing* lo utilicen en todo lo que hagamos».

—Daniel Tardy, vicepresidente de
EntreLeadership, Ramsey Solutions

«En Marie Mae vendemos hermosos productos de papelería y materiales de oficina. Antes de consultar a StoryBrand, nuestros esfuerzos de *marketing* eran un caos total. Una vez escuché a un amigo cercano hablando de la empresa y no se parecía en nada a lo que estábamos haciendo. Entonces asistí a un taller de *marketing* de StoryBrand y entendí que en nuestros textos estábamos hablando de las cosas incorrectas. Eso le cambió la vida a nuestra empresa emergente. Utilizamos el esquema para simplificar nuestro mensaje en un solo eslogan. Comenzamos a enfocarnos más en el trabajo significativo que nuestros clientes estaban realizando y a mostrarles cómo podían lograr un impacto aún mayor en el mundo al elegir productos de oficina que también contribuyen a esa causa. Simplificamos nuestro sitio web utilizando el esquema SB7 y todos nuestros mensajes publicitarios ahora también pasan por ese filtro. A un año de implementar el esquema, hemos aumentado nuestros ingresos veinte veces más y puesto los productos en las manos de doscientas cincuenta mil personas. Este éxito se debe, en gran medida, a la claridad de nuestra historia y al cambio en nuestros mensajes de *marketing*. Estamos sumamente agradecidos».

—Jillian Ryan, fundadora de Marie Mae Company

«Antes de trabajar con StoryBrand, sentía que mi *marketing* estaba fracasando. Sentía que mi negocio había llegado a su límite. Revisar el esquema me enseñó que estaba hablando de mis programas de la forma incorrecta. Utilicé esta herramienta para volver a crear mi material de ventas desde cero y me llevó bastante esfuerzo volver a pensar todo. Me adentré poco a poco realizando algunos cambios en piezas claves del material de *marketing* y asegurándome de que hablaran directamente a las necesidades de mis clientes. Volví a lanzar mi programa con mi nuevo material de ventas y vi una respuesta enorme. Una campaña que por lo general generaba entre seis mil y nueve mil dólares, me hizo ganar más de cuarenta mil. StoryBrand es el programa de *marketing* más práctico, fácil, viable, lógico, sencillo y útil que conozco. Siento que va a cambiar todo en mi negocio, ¡y esto es apenas el comienzo!».

—Jenny Shih, asesora empresarial

«Muchas veces sentíamos una gran confusión cuando intentábamos responder la pregunta: "¿A qué te dedicas?". Con frecuencia nos frustrábamos, porque si bien teníamos un gran conocimiento organizacional sobre nuestro propio trabajo, necesitábamos al menos una hora para comunicárselo a la gente. Siendo una organización sin fines de lucro emergente, nuestros ingresos (donaciones) apenas eran suficientes para mantenernos a flote. Sabíamos que uno de los principales motivos era que nuestro modelo era un poco complejo y no lográbamos comunicarlo con claridad, lo cual generaba confusión en nuestros potenciales donantes. Asumimos un gran riesgo y decidimos enviar a todo nuestro equipo de Estados Unidos (tres personas) a un taller de StoryBrand, un riesgo que se devoró una parte importante de nuestro dinero disponible. El esquema fue indispensable para nosotros. En los días siguientes dimos un giro decisivo en nuestra estrategia de comunicación. En el trascurso de un par de meses pasamos de ser una organización a punto de colapsar a ser una en crecimiento. Solo en el cuarto trimestre (posterior al trabajo con StoryBrand), literalmente triplicamos nuestros ingresos anuales. Ahora, Mavuno ha aumentado su alcance al 400 % en el este del Congo y estamos acabando con la pobreza extrema de miles de congoleños. Estamos realizando cambios drásticos para algunas de las personas más vulnerables de uno de los lugares más devastados por la guerra en el mundo. Estamos preparados para trabajar a una escala enorme, y en gran parte eso se lo debemos a StoryBrand. Gracias por ayudarnos a cambiar el mundo».

—DANIEL MYATT, CEO DE MAVUNO

RECURSOS DE STORYBRAND

¿QUIERES AYUDAR A OTRAS EMPRESAS CON SU ESTRATEGIA DE COMUNICACIÓN Y *MARKETING*?

CONVIÉRTETE EN UN ASESOR CERTIFICADO DE STORYBRAND

Es como ser parte de la mejor agencia de *marketing* del mundo, excepto que tú mantienes el control y la propiedad de tu negocio al cien por ciento. Si eres un redactor creativo, especialista en publicidad para redes sociales, diseñador gráfico, diseñador de sitios web, desarrollador de páginas web, consultor de *marketing* o dueño de una agencia, el programa para asesores de StoryBrand te brindará esquemas útiles con el fin de ayudarte a obtener resultados excepcionales para tus clientes y hacer crecer tu negocio. Inscríbete ahora para ser un asesor certificado de StoryBrand en StoryBrand.com/Coach.

¿QUIERES APRENDER A TRAVÉS DE UN CURSO EN LÍNEA?

Consigue el curso StoryBrand en Business Made Simple [Simplifica tu negocio]

¿Quieres profundizar en el esquema StoryBrand y seguir un curso para crear tu BrandScript? El curso en línea StoryBrand te ayudará a crear tu BrandScript mientras te proporciona numerosos ejemplos y consejos de expertos. Una vez que hayas terminado el curso, tendrás un mensaje convincente que podrás utilizar para crear sitios web, discursos, minipresentaciones y mucho más. Obtén acceso al curso en línea StoryBrand en la plataforma Business Made Simple en BusinessMadeSimple.com/StoryBrand.

¿QUIERES QUE TU EQUIPO ENTIENDA E IMPLEMENTE EL ESQUEMA STORYBRAND?

Solicita un taller privado con StoryBrand

Si anhelas alinear a tu equipo, hacer crecer tu negocio y optimizar tu estrategia de *marketing*, el taller privado StoryBrand será de mucha utilidad. Pasarás un día y medio con uno de nuestros asesores expertos que te ayudará a clarificar tu mensaje, unir a tu equipo y desarrollar una estrategia de *marketing* que funcione. Nuestros facilitadores incluso revisarán tu material de *marketing* existente una vez que esté creado tu guion de marca. Solicita ahora un taller en StoryBrand.com/PrivateWorkshops.

¿QUIERES QUE TU EQUIPO DE VENTAS CONCRETE MÁS VENTAS?

Solicita una capacitación en transformación de ventas con StoryBrand

Si deseas que tu equipo de ventas aprenda a utilizar el poder de la narración para concretar más ventas, solicita una capacitación en transformación de ventas con StoryBrand. Tu personal aprenderá cómo invitar a los clientes a una historia y a posicionar tus productos como la solución que ellos han estado buscando. Tu equipo de ventas aprenderá siete temas de conversación claves que podrá utilizar en cada charla de ventas para poder cerrar más tratos y generar ingresos para tu negocio. Solicita ahora una capacitación en transformación de ventas con StoryBrand en StoryBrandSales.com.

CREA UNA CAMPAÑA DE COMUNICACIÓN Y *MARKETING* CON STORYBRAND

OBTÉN TU ESLOGAN, EL BOSQUEJO PARA TU SITIO WEB Y MÁS, TODO PERSONALIZADO

....

Cuando ingreses a StoryBrand.AI, puedes utilizar nuestra herramienta de inteligencia artificial para generar tu guion de marca, un eslogan, una frase clave, el bosquejo de tu sitio web, un captador de clientes, correos electrónicos de seguimiento, un discurso de ventas, guiones narrativos para videos de YouTube y redes sociales, temas para pódcast, más sugerencias para crear sentido de urgencia, ideas para un producto mejorado y publicaciones de redes sociales listas para usar junto con tendencias de la industria específicas para tu sector. El reporte de comunicación y *marketing* de StoryBrand es tu arma secreta para que tu negocio crezca.

¿NECESITAS AYUDA PARA IMPLEMENTAR TU CAMPAÑA DE MENSAJES Y *MARKETING*?

Seamos honestos, nada cambiará a menos que te pongas en acción.

Encuentra un asesor que te ayude en el proceso en MarketingMadeSimple.com.

StoryBrand no recibe comisión por las ventas de ninguno de nuestros asesores certificados.

NOTAS

Capítulo 2: El arma secreta que hará crecer tu negocio

1. Samantha Sharf, «The World's Largest Tech Companies 2016: Apple Bests Samsung, Microsoft and Alphabet» [Las empresas de tecnología más grandes del mundo en 2016: Apple supera a Samsung, Microsoft y Alphabet], *Forbes*, 26 mayo 2016, http://www.forbes.com/sites/samanthasharf/2016/05/26/the-worlds-largest-tech-companies-2016-apple-bests-samsung-microsoft-and-alphabet/#2b0c584d89ee.

2. «Alfred Hitchcock: Quotes» [Alfred Hitchcock: Citas], IMDB, acceso 29 julio 2024, http://m.imdb.com/name/nm0000033/quotes.

Capítulo 3: El sencillo esquema SB7

1. «Great Presentations: Understand the Audience's Power» [Grandes presentaciones: Entiende el poder del público], *Duarte*, http://www.duarte.com/great-presentations-understand-the-audiences-power/.

2. Ronald Reagan, «Farewell Address to the Nation» [Discurso de despedida a la nación], *The American Presidency Project*, 11 enero 1989, http://www.presidency.ucsb.edu/ws/index.php?pid=29650.

3. «President Bill Clinton—Acceptance Speech» [Presidente Bill Clinton: Discurso de aceptación], *PBS NewsHour*, 29 agosto de 1996, http://www.pbs.org/newshour/bb/politics-july-dec96-clinton_08-29/.

4. Claire Suddath, «A Brief History of Campaign Songs: Franklin D. Roosevelt» [Una pequeña historia de las canciones de campaña: Frankling D. Roosevelt], *Time*, 29 julio 2024, http://content.time.com/time/specials/packages/article/0,28804,1840981_1840998_1840901,00.html.

Capítulo 4: Un personaje

1. Viktor E. Frankl, *El hombre en busca de sentido* (Barcelona: Herder, 2015).

Capítulo 5: Tiene un problema

1. James Scott Bell, *Plot & Structure: Techniques and Exercises for Crafting a Plot That Grips Readers from Start to Finish* [Trama y estructura: Técnicas y ejercicios para crear una trama que atrape a los lectores de principio a fin] (Cincinnati, OH: Writer's Digest Books, 2004), p. 12.

2. «Why CarMax?» [¿Por qué CarMax?], CarMax.com, acceso 10 febrero 2017, https://www.carmax.com/car-buying-process/why-carmax.

3. «The Just 100: America's Best Corporate Citizens» [Los cien justos: Los mejores ciudadanos corporativos de Estados Unidos], *Forbes*, mayo 2016, http://www.forbes.com/companies/carmax/.

Capítulo 6: Y conoce a un guía

1. Bell, *Plot & Structure*, pp. 31-32.

2. Christopher Booker, *The Seven Basic Plots: Why We Tell Stories* [Las siete tramas básicas: Por qué contamos historias] (Londres: Continuum, 2004), p. 194.

3. Ben Sisario, «Jay Z Reveals Plans for Tidal, a Streaming Music Service» [Jay Z revela sus planes para Tidal, un servicio de

música en línea], *New York Times*, 30 marzo 2015, https://www.
nytimes.com/2015/03/31/business/media/jay-z-reveals-plans-
for-tidal-a-streaming-music-service.html.
4. Sisario, «Jay Z Reveals Plan for Tidal».
5. «Clinton vs. Bush in 1992 Debate» [Clinton contra Bush en
el debate de 1992], Video de YouTube, 4:08, publicado por
Seth Masket, 19 marzo 2007, https://www.youtube.com/
watch?v=7ffbFvKlWqE.
6. Página de inicio de Infusionsoft, acceso 9 febrero 2017, https://
www.infusionsoft.com.
7. Amy Cuddy, *Presencia. Autoestima, seguridad, poder personal:
Utiliza el lenguaje del cuerpo para afrontar las situaciones más
estresantes* (Ediciones Urano, 2015).

Capítulo 7: Que le da un plan

1. «Why CarMax?» [¿Por qué CarMax?], CarMax.com, acceso
10 febrero 2017, https://www.carmax.com/car-buying-process/
why-carmax.
2. Arlena Sawyers, «Hot Topics, Trends to Watch in 2016»
[Temas de actualidad y tendencias que observar en
2016], *Automotive News*, 28 diciembre 2015, http://www.
autonews.com/article/20151228/RETAIL04/312289987/
hot-topics-trends-to-watch-in-2016.

Capítulo 9: Para así evitar el fracaso

1. Susanna Kim, «Allstate's 'Mayhem' Is Biggest
Winner of College Bowl» [«Mayhem» de Allstate es
el máximo ganador del torneo universitario], *ABC
News*, 2 enero 2015, http://abcnews.go.com/Business/
allstates-mayhem-biggest-winner-college-bowl/
story?id=27960362.
2. Daniel Kahneman y Amos Tversky, «Prospect Theory: An
Analysis of Decision Under Risk» [La teoría prospectiva: Un
análisis de la toma de decisiones bajo riesgo], *Econometrica*,

volumen 47, número 2, marzo 1979, https://www.jstor.org/stable/1914185.

3. Dominic Infante, Andrew Rancer y Deanna Womack, *Building Communication Theory* [Construir la teoría de la comunicación], (Long Grove, IL: Waveland Press, 2003), p. 149.
    1. Infante, Rancer y Womack, *Building Communication Theory*, p. 150

Capítulo 10: Y al final tiene éxito

1. Stewart D. Friedman, «The Most Compelling Leadership Vision» [La visión de liderazgo más atractiva], *Harvard Business Review*, 8 mayo 2009, https://hbr.org/2009/05/the-most-compelling-leadership.

Capítulo 11: La gente quiere que tu marca participe en su transformación

1. «Hello Trouble» [Hola, Problema], video de Vimeo, 1:44, publicado por Adam Long, 13 febrero 2013, https://vimeo.com/59589229.